イスラエル戦争の嘘

第三次世界大戦を回避せよ

手嶋龍一　　佐藤 優
外交ジャーナリスト・作家　　作家・元外務省主任分析官

815
中公新書ラクレ

まえがき

佐藤優さんは命に危険が及ぶ菌血症と腸閉塞に見舞われたが、幾多の病を克服して腎臓の移植手術を受け最前線に戻ってきた。そんな彼の内面には見逃せない変化が起きたように思う。だが、それは重篤な病と移植のゆえに生じたのではない。神がしばし与え賜うた命の大切さを思い、新たな仕事に挑むべくこの人を突き動かしているのは、戦乱のさなかにあるイスラエルという国の存在だ。両者の関係は波乱に満ちている。少壮外交官だった佐藤優さんは、ロシア問題をテーマに、2000年4月、イスラエルのテルアビブで国際学会を催した。だが、その2年後、思わぬ災厄が襲いかかった。外務省の監督下にあった国際機関の資金をイスラエルでの学会に使ったとして背任の容疑で逮捕されてしまったのである。検察当局に連行される彼の姿はメディアで派手に報じられ、それまで〝佐藤情報〟に頼っていた外務省の幹部もメディアも、一部の心ある人たちを除いて、彼に近づこうとしなくなった。傑出した情報分析の専門家をスタジオに迎えるテレビ局も永く現れなかった。

だが、まったく異なる対応をとった一群がいた。それがイスラエルのインテリジェンス・コミュニティの面々だった。試練を経た友情だけが真の友情だという。イスラエルの友たちは裁判の法廷にも証人を送り込み、彼との信義を終始貫いたのだった。情報士官《インテリジェンス・オフィサー》佐藤優のインテリジェンス活動にとって、旧ソ連とロシアは主要な対象だったが、人生の師であり、心の友だったのはイスラエルだった。

佐藤優さんが、この30年間にわたって深く関わってきたイスラエルはいま、未曽有の戦いのさなかにある。そんないまこそ、稀代の情報分析のプロフェッショナルに話を聞きたいと誰しも思うだろう。悲惨な戦争が繰り広げられているのは、〝汝殺すなかれ〟という戒めを生んだ大地であり、佐藤優さんその人もキリスト教の敬虔な信徒である。これほどの事態を眼前にこの人は何を語るのか。彼にとって分析の対象は、もはやインテリジェンスを武器に立ち向かう域を超え、彼の全存在を賭けて立ち向かう相手である。

それは畢生の大著『全体主義の起源』をアメリカで書き上げた思想家ハンナ・アーレントが、ホロコーストに関わったアイヒマンの裁判を傍聴して挑んだ難題に匹敵すると言っていいだろう。

本書での佐藤優氏の発言をどう受け取るか、それは読者の判断に委ねたい。ハマスの奇襲に圧倒的な軍事力で報復するイスラエルの行為を巡って交わされたわれわれの議論に接した読者は、佐藤さんがいつもならみせるはずの鋭利な論理と感情が幾分抑えられているように感じるかもしれない。それは多くの対論を共にしてきた筆者への配慮などでは決してない。発言の行間に垣間見える逡巡は、現場で生起している余りに悲惨な現実のゆえだと思う。最大の味方と信じてきたアメリカからも非難を浴びせられているネタニヤフ政権は、イスラエルの人びととは必ずしも同じではない。苦難のなかで佐藤さんに寄り添ってくれた心ある友人たちはいま、現政権と一線を画していると考えているのだろう。彼が心から敬愛するインテリジェンス・マスター、ハレヴィ氏との交流をここまで詳細に語ったのも故なしとしない。ハレヴィ氏の教えを闇夜の灯としながら、事態の先行きに打開策を見つけ出そうという姿勢が見え隠れしている。一歩でも事態を読み誤れば、ここから核の惨禍が火を噴いてしまう。そんな暗い予感に付きまとわれつつ、近未来に明《あか》りを見つけようとする佐藤優氏の真意を読み取っていただければと思う。

手嶋龍一

目次

イスラエル戦争の嘘

第三次世界大戦を回避せよ

イスラエルとパレスチナ

第1章

イスラエルvs.ハマス

増え続けるガザの犠牲者たち

手嶋　前回、佐藤優さんとの対論に臨んでから早や1年が経ちました。この間にパレスチナのガザ地区で凄まじいばかりの戦闘が勃発し、その一方で佐藤さんは病気と懸命に闘い続けました。病床で前作の中公新書ラクレ『ウクライナ戦争の嘘』（手嶋龍一、佐藤優、2023年）のゲラに朱筆を入れていた佐藤さんから「神はしばし自分に命を与え賜うた。お前にはまだ為すべき仕事がある」というメッセージが届きました。この預言どおり佐藤さんは、2023年の夏に腎臓移植という大きな手術を乗り越えました。その後も何度かきわどい局面があったと伺いましたが、こうして元気で娑婆に戻ってきた。また、一緒に仕事が再びできることを嬉しく思います。

佐藤　ありがとうございます。移植手術が成功し、その後菌血症の治療や腸閉塞などの手術もしましたが、いまはすこぶる調子がいいんですよ。以前は週3回4時間ずつの人工透析を受けていたのですが、ときどきつらくなることがありました。透析を受けた直後は血圧が60台まで落ちたりして仕事もままなりませんでした。それが移植後はずいぶん楽になりました。人工透析だと、10年生存率が約6割、単純計算すると余命は8年。それが腎臓移植に成功したので10年生存率は9割以上に上がり、余命が一気に20年に延びました。で、驚いたのは視力が戻った事です。

手嶋　えっ、視力が回復することなどあるんですか。東洋医学では、腎臓と目はつながりがあると言いますが、まさしく聖書のなかの話のようですね。神はわれらが佐藤ラスプーチンに視力を与え賜うた――。

佐藤　それまでは近視で眼鏡なしでは仕事ができなかったんです。ところが、この前、眼鏡をかけるのを忘れて外出していたんです。とくに不自由がないから眼鏡をしていないことに気がつきませんでした。視力を測ってみたら0・1前後だった視力が0・7くらいまで戻っていたんです。

手嶋　〝ギョロ目〟は昔から佐藤さんのトレードマークでしたが、パワーアップした眼力で睨みつけられると、論敵も縮みあがるでしょうね（笑）。それはともかく、我らが佐藤ラスプーチンが健在で戻ってきたことはじつに喜ばしい。国際政局の先行きが濃い霧に覆われて見通せないなかで、国家の生き残りの拠り所となる〝インテリジェンス〟について、忌憚なく話ができる佐藤さんが言論空間に戻ってきたことは心強い限りです。そんな佐藤さんの復活を待ち構えていたかのように、これまた佐藤さんの主戦場の一つ、中東地域で大乱が起きています。

佐藤　一大変事が持ち上がったのは2023年10月7日の未明でした。パレスチナ自治区のガザを実効支配しているハマス（パレスチナのスンニ派イスラム原理主義集団、政治・軍事組織を持つ）がイスラエルに奇襲攻撃を仕掛けました。それに対抗してイスラエルはガザ地区の武装組織ハマスを標的に国防軍を大量に投入し、大がかりな軍事作戦を発動しました。年が明けて2024年となった現在も、作戦はなお継続中で、先行きは予断を許さない。

手嶋　現地の情勢は、第五次中東戦争の危険を孕みながら推移しています。この対論を行っているのは2024年1月末ですから、ハマスとイスラエルが戦闘状態に入ってすでに3か月が経とうとしています。イスラエル軍はこの時点でガザの北部をほぼ制圧し、攻撃の中心は南部へと移っています。ただ、当初、イスラエル軍が、北部に猛攻を加えていましたから、人びとはそれを避けて、南部に逃れていましたが、南部に避難した難民たちの生命も危ぶまれています。ガザ地区は東京23区の6割くらいの広さのところですが、そこになんと約230万人が住んでいます。周囲はイスラエルによって作られた分離壁で囲われていて、逃げることができない。〝天井なき牢獄〟と言われています。そこにイスラエル軍は猛烈な空爆を敢行し、地上部隊が人質となっている人びとを捜索し、ハマスの掃討を狙って各所で軍事作戦を展開しています。このままいくと一般市民の犠牲者がどれだけ増えていくのか。ちなみに1月末の数字でパレスチナ側の死者は約2万5000人を超えています。そのうちの多くは女性や子どもですから、じつに悲惨な戦闘です。

佐藤　とにかく一般市民の被害を少なくするためにも、1日も早く作戦が終了することを願っています。ただ、今回のイスラエル側の作戦は、ハマスを完全に中立化することを目的にしていますから、簡単には戦闘を止められません。中立化とは殺害でも、帰順でも、あるいは国外逃亡でもいいので、ハマスをイスラエルに敵対できないような状態にすることです。2023年12月24日の閣議で、ネタニヤフ首相は「ハマスとの戦いは長期戦になる」と述べています。

手嶋　この本が読者の元に届く頃には、最強硬派のネタニヤフ政権も、停戦に向けて動き出すのではと思いたい。戦闘が長引くにつれて、イスラエルに対する国際世論の風当たりも強くなってきています。アメリカは、イスラエルの建国以来、ぴったりとイスラエルに寄り添ってきましたが、若い人びとを中心にさすがにネタニヤフ政権に厳しい声が向けられています。国連の調査によれば12月の頭の時点でガザ地区にある自宅を捨てた避難民が190万人。なんとガザ地区の85％以上の住民に当たります。イスラエルの直接の攻撃による死者だけでなく、衛生環境の悪さからの疫病の蔓延や飢餓など、いわゆる〝戦争関連死〟が続出している。今回の戦闘のきっかけが、武装組織ハマスのイスラエル奇襲だったにしても、これは〝ジェノサイド（集団殺戮）〟以外のなにものでもないという非難の声が巻き起こっています。

イスラエルの内在的論理とは？

佐藤　手嶋さんの指摘にもあったように、日頃はイスラエルを強力に支持しているアメリカですら、23年12月の段階では、このままではイスラエルは国際社会から孤立すると忠告しています。ただ、ここでイスラエルの内在的論理を考えなければなりません。じつは日本の報道を見る限り、どうしてもパレスチナ側の悲惨な状況に目が行きがちで、イスラエルの内在的論理を理解しようという視点がほとんど見られない。

手嶋　イスラエルがこれほど残酷な攻撃を加えているのに、なぜイスラエルの内在的論理を理解する必要があるのか——そんな声も聞こえてきます。ただ、一刻も早い停戦を実現するためにも、双方の内在的論理を理解しておくことは重要です。どちらかの内在的論理に寄り添えと言っているのではありません。膨大で雑多な情報、つまり〝インフォメーション〟から、われわれを取り囲んでいる情勢の本質を指し示す、選り抜かれた、分析し抜かれた情報の最後の一滴である〝インテリジェンス〟を紡ぎ出す営為は、相手の内在的論理を知ることでもあります。内在的論理とは相手が行動に訴えるきっかけになっているもの、すなわち価値観や基準、あるいは歴史や文化などから生まれる思考の枠組みだと考えてよいでしょう。それがわかれば相手の行動をよりよく理解でき、和平のテーブルに着かせるきっかけを摑めるかもしれません。そして、相手が次にいかなる行動に出るかも予測ができる。相手国の内在的論理を知ることで、さらなる摩擦や衝突を避けることができ、和平につなげることができるかもしれない。それは日本の国益にもかなうはずです。

佐藤 逆に内在的論理がわからないと、相手を極端に警戒して過剰に反応したり、間違った判断や対応を取ってしまう恐れがある。今回のイスラエルの徹底したガザへの攻撃も、その内在的論理がわからないと理解が難しいと思います。

手嶋 それは決してイスラエルの主張に寄り添うことを意味しません。内在的論理がどういうものであるか、イスラエル側の情報士官《インテリジェンス・オフィサー》とやり取りしてきた佐藤さんだからこそわかるものもあるはずです。

佐藤 今回一番のポイントはイスラエル政府がハマスへの襲撃の直後、首を切られて殺害されたイスラエルの乳児や黒焦げの乳児の写真を一部に公開したことです。何の抵抗もしない乳幼児を殺害することは、すなわちユダヤ人であるという理由だけで殺害したことになります。つまりハマスは属性排除の論理に基づいているというのがイスラエルの認識なのです。

手嶋　属性排除の論理とは、一般にはわかりにくいのですが、簡潔に言えばある人びとの存在を認めない。この場合は、ユダヤ人としての属性を排除することですから、20世紀の悲劇であるホロコースト（ナチスによるユダヤ人大虐殺）にも結び付くわけです。

佐藤　そういうことです。あの写真が象徴的ですが、今回、ユダヤ人からするとハマスはナチスと同様にユダヤ人殲滅を目指しているように見える。今回のハマスの攻撃はそれが現れていると言わざるをえない、ユダヤ人の存在、すなわち生存権が脅かされている――と受け取り、ハマスを徹底してやっつけなければならないと考えるようになるのです。

手嶋　イスラエルの内在的論理からすれば、これはイスラエルにとっての〝自衛権〟どころか、さらに根源的な権利である〝生存権〟を守るための軍事作戦というわけですね。イスラエルの歴史、さらに言えばユダヤの歴史は、出エジプト以来、つねに民族の生存権を脅かされる歴史でもあった。それゆえ他のどの国家や民族よりも、自らを脅かす存在に対して強い姿勢で臨むということがあるのかもしれません。

佐藤　イスラエルの論理を端的に表した言葉があります。「全世界から同情されながら滅亡するよりも、全世界を敵に回してでも生き残る」。これがイスラエルの国是と言っていいでしょう。
手嶋　大変に強い意志が込められた言葉ですね。祖国を失い、ディアスポラ（「離散」「散在」を意味するギリシャ語）として世界中に離散し、各地で差別や虐待、ホロコーストの被害を蒙った歴史を持つユダヤ人だからこその言葉でしょう。日本人の多くは、占領期を除いて、安全な島国に暮らし他国の干渉や支配をほとんど受けませんでした。そんな日本人とは根本的に違うと思います。ただし同様に、パレスチナ人にはパレスチナ人の内在的論理があるわけです。パレスチナの内在的論理も同じく理解し尊重しなければなりません。
佐藤　おっしゃる通りです。ただ、私が見る限りパレスチナの論理は比較的多くメディアに流されるのに対して、イスラエルの論理が見えにくくなっている。メディア空間における非対称性が問題だと思います。
手嶋　内在的論理の話に関しては、重要ですので後ほどまた話をしたいと思います。両者の歴史的な経緯を振り返りながら、内在的論理の拠って来るところを考えましょう。

「侵攻」という言葉は適切か

手嶋　ちなみに佐藤さんはイスラエル軍のガザへの軍事作戦に対して「侵攻」という言葉は使っていませんね。私は、イスラエルの重武装の部隊が、圧倒的な弱者であるガザの住宅地に攻め入るケースなどに限って「侵攻」という言葉を使うようにしています。しかし「侵攻」が何を意味するのか、それには自覚的でありたいと思います。

佐藤　そもそも論として、ガザ地区はイスラエル領内の自治区であり、国家ではありません。ハマスはその自治区を実効的に支配している一つの組織にすぎない。侵攻とは国家間において片方の国が軍事力を行使して他国の領域に攻め込むことを意味します。ですから、「侵攻」という言葉は不適切だと考えます。

手嶋　「パレスチナ自治区」はまさしく「自治区」で、国際法が前提としている十全な「国家」とは言えません。それゆえ、佐藤さんは、今回の武力紛争はあくまでもイスラエル領内で起きた国内問題であるとも考えているわけですね。私はいま「国際法」と言いましたが、外交当局が安易に「国際法に照らして」という国際法なるものが大きな問題を孕んでいます。これについても、後程、じっくりと議論したく思います。

佐藤 イスラエル領内である限り、国家間の戦争ではないと言うこともできるわけです。もう一つは、今回のハマスの対イスラエル攻撃は、ハマスというイスラム過激派組織による無差別殺人、つまりテロリズムであるということです。当然ながらそれに対する軍事作戦は「テロ掃討作戦」であって、「侵攻」という言葉はその意味でもふさわしくないと思います。今回のイスラエルの軍事作戦を「侵攻」と表現する報道機関が多いのですが、言葉の意味を正確に知らずに使っているなら、メディアとして問題があります。重要なことなのでかなり声高に主張しましたが、そのせいもあってか、最近はメディアでも「侵攻」という言葉が減ってきたように感じています。

手嶋 佐藤ラスプーチンがギョロ目でそう発言するせいでしょうか（笑）。私は今回のイスラエルの軍事作戦は、長期的な視点に立てば、イスラエルが国際社会で、そして事実上の同盟国であるアメリカ国内で支持を取り付けていくうえでは、やはり相当にマイナナスで、外交上の資産を減らしてしまったと思います。佐藤さんとは意見の異なるところもむろんありますが、せっかく元気になって娑婆に戻ってきたのですから、思う存分に議論を交わしたいと考えています。

佐藤　まさに望むところです。私も手嶋さんとならば何の遠慮もなく、問題の本質について話ができると思います。幸い体調も万全ですし（笑）。それによって読者の方々にも、イスラエルとパレスチナの問題に関して、より公平でかつ多角的な理解を深めてもらうきっかけになればと思います。

パレスチナとイスラエル、果たして国家として認められる存在か

手嶋　イスラエルとパレスチナをどう見るか――。中東諸国、かつてこの地に権益を持っていた旧帝国主義勢力、超大国アメリカ、ロシア、中国、日本の各国はその歴史的な経緯も、外交上の立場も、国内に抱える事情情勢も全く異なります。従って、主要な関係国から見えるイスラエルとパレスチナの姿は万華鏡のように異なっています。パレス

チナ自治区は国家としては十全な国家ではないと佐藤優さんは指摘しました。しかしながら、周辺のイスラム諸国をはじめ中国、ロシアはすでに国家として承認し、外交関係を結んでいます。溜息が出るほどに込み入っています。

佐藤 たしかに国連の加盟国193か国のうち、138か国がすでに国家として承認済みです。いまだ承認していない国は55か国。イスラエルをはじめ、アメリカ、イギリス、フランス、日本、カナダ、ドイツ、イタリアといったG7諸国が並んでいます。

手嶋 パレスチナ問題に影響力を持つG7諸国が軒並みパレスチナを国家として承認していないことは厳然たる事実なのです。

佐藤 国家の承認には、領土、政府、そして国民の三つの要素が揃っていなければいけません。その点、パレスチナは、いまだ領土が確定していない。パレスチナ全体を実効支配している政府もない。4度に及ぶ中東戦争の後、1993年の「オスロ合意」でヨルダン川西岸とガザ地区の二つがパレスチナ自治区となりました。それはあくまで「自治区」であり「国家」にあらずというのが妥当な解釈だと考えます。

手嶋 イスラエルは1948年に建国されましたが、イスラム圏を中心にサウジアラビア、シリア、イラクなど24か国がいまだに国家として承認していません。ただ、ハマスがイスラエルを奇襲する直前までは、その構図が変わりかけていました。

佐藤　日本でも岩波書店から1960年代末から70年代初頭に上梓された『岩波講座　世界歴史』の「パレスティナ問題の第二期」を読むと、ユダヤ人には全部かぎ括弧をつけていますね。つまり民族としては認めていない。当然、イスラエルは民族自決権に基づく国家とは認められないということになります。50年ほど前まで、それが日本の知識人をはじめとする、日本のデファクトスタンダード（事実上の標準）だったんです。

手嶋　でも、若手の研究者や学生は、かつての〝岩波文化人〟がどう考えていたか、そんなことにはもう囚われていません。イスラエルは〝IT大国〟だと知っています。逆に、パレスチナは、経済的にも軍事的にも統率力を欠き、テロに手を染める過激な武装集団を抱えており、常の国家とは違うと受け取っているように思います。

佐藤　イスラエルを国家として認めない――『岩波講座　世界歴史』風の視点に立てば、イスラエルこそ巨大な悪のテロ組織であるという論法も成り立ちます。今回、パレスチナのハマスはイスラエルに大がかりなテロ攻撃を仕掛けた。これに対してより強大な軍事力をもつイスラエルがガザへの報復攻撃を敢行した。これもテロリズムだという論理が成り立つわけです。

手嶋 イスラエルとパレスチナを取り巻く錯綜した国際政局をみてきましたが、先ほども指摘したように、今回の変事の前にはイスラエルは、アラブ首長国連邦、サウジアラビアなどとの関係改善が進んでいました。このまま手を拱いていれば取り残されてしまう。ガザ地区の武装組織ハマスは焦りを募らせ、奇襲攻撃に駆り立てられていったと思います。ただ、これを国家と国家の戦争だと考えることには無理がある。ガザ地区とヨルダン川西岸はあくまでパレスチナ人の自治区に留まっており、常の国家とは一線を画するものと考えて議論を進めていきたいと思います。

佐藤 自分たちがどういう立場で、どういう認識で、議論をするのか。それを自覚していることは大事です。逆に言うとそんな自覚もなく発言している人は多いですね。

イスラエルが犯した三つの過ち

手嶋　それにしても、ウクライナとロシアの戦争が長期化する中で、イスラエルとハマスの衝突が起きました。ロシアとイスラエル――。まさに佐藤さんがインテリジェンスを武器としているとして分析の対象とした二つの国がいま戦争のまっただ中に置かれています。ハマス、イスラエルを急襲という一報に接してまず何を思いましたか。

佐藤　正直言って驚きました。周囲を敵に囲まれているイスラエルは、常に厳重な防衛体制を敷き、〝国家の長い耳〟をそばだててきた。イスラエルは国家の生き残りを賭けてインテリジェンスの業を磨いてきました。ですから、あれほど見事にハマスの攻撃を許してしまうとは考えられなかった。

手嶋　ハマスは、じつに5000発のロケット弾をイスラエルに撃ち込んだと言っています。ガザを取り囲んでいた高さ10メートルの分離壁は破壊され、ハマスの戦闘員がイスラエル領内に深く侵入しました。その時、イスラエル南部で音楽フェスティバルも開催されていましたが、そこに集まっていた人たちも襲われて拉致されてしまった。その映像はじつに衝撃的でした。ハマスの猛攻でイスラエル人の死者は1200人を超え、240人が人質として連れ去られたといいます。

佐藤　イスラエルには私が親しくしているインテリジェンス関係者が何人かいます。すぐにでも彼らに連絡を取りたかったのですが、ひとまずはぐっと我慢しました。こういう非常時に、拙速に連絡を取るのはインテリジェンスを生業にする者として失格です。

手嶋　事態が重大であればあるほど、現場は混乱し情報も錯綜しています。拙速に連絡しては相手側の邪魔になります。彼らだって全体状況を正確に把握できていない。それでは正確な情報を得ることはできません。

佐藤　相手が状況を把握できるまでの時間的な猶予を見なければ――私は逸る気持ちを抑えて、24時間経った翌8日になるのを待って、モサド（諜報特務庁）の上級幹部だった知人とFaceTimeでやり取りしました。この人物は「今回のハマスの攻撃はいろんな意味でイスラエルの大敗北だった」と率直に認めました。イスラエルにとっては、ここ半世紀で最大の打撃であったと。そして「イスラエルは〝三つの過ち〟を犯してしまった」とじつに率直に語りだしたのです。

手嶋　この上級幹部は、佐藤さんが外務省の主任分析官だった頃からの、そして単に仕事上のカウンターパートという域を超えて、人間的な付き合いを続けてきた方と伺っています。この人物が〝三つの過ち〟と明言したのですね。まさしく〝イスラエルは敗れたり〟ということなのでしょう。

佐藤　〝三つの過ち〟の第一は、モサドをはじめとするイスラエルの全情報機関が、ハマスの奇襲を事前に察知できなかったことです。

手嶋　世界最強と謳われた情報機関が情報面でも奇襲を許してしまったのですから、イスラエルのインテリジェンス・コミュニティの受けた衝撃はどれほどのものだったのか。〝たとえ戦いには敗れるようなことがあっても、奇襲だけは許してはならない〟。これは永く言い伝えられてきた箴言です。

佐藤　モサドは「シギント」と呼ばれる通信傍受も周到にやっていました。ドローンを飛ばして上空からの監視も怠っていなかった。もちろん「ヒューミント」、対人諜報も常に欠かさなかった。しかし、それらのすべてが空振りに終わってしまった。これほどの災厄が国家に降りかかってきたのに、あのモサドが事前には察知できなかった。

手嶋　イスラエルは、文字通りの「インテリジェンス大国」です。対外諜報を担うモサドをはじめ、軍のアマン（イスラエル軍参謀本部諜報局）、スパイやテロリストの侵入を防ぐカウンター・インテリジェンス機関シン・ベト（シャバク＝総保安庁）といった名うての諜報組織を擁しています。それぞれに一流のインテリジェンス力を誇り、実際、過去にはイスラエル国家の危機を幾度も救ってきました。

佐藤　中東でイスラム強硬派の諸国に囲まれ、四面楚歌のなか国家として生き抜いてきたイスラエルは、インテリジェンスこそが生き残りの武器となってきました。これらのインテリジェンス機関は、近隣諸国の動き、ハマスやヒズボラ（レバノンのイスラム教シーア派組織。神の党の意）など武装組織の動向などを常にチェックし、不審な動きがあれば事前に対応策を取るよう政府と軍に警告してきました。人口が１０００万人に満たない中堅国家であるイスラエルが、敵だらけの中東の地で生き残るためには、一流のインテリジェンスこそなくてはならない決め手だったのです。

手嶋　ところが、いずれの情報機関も今回の大規模な攻撃を事前に察知できなかった。イスラエルのインテリジェンス・マスターが受けた屈辱は、言語に絶するものがあったはずです。

精強なイスラエル軍がなぜハマスの侵入を許したか

佐藤　もう一つの過ちはたとえ事前に予知できなかったにせよ、圧倒的な力を誇るイスラエル軍が、壁を破壊して乗り込んできたハマスの戦闘員を初動で撃退できなかったことです。

手嶋　それも驚きでした。ハマスがSNSに公開した映像では、塀の近くにいたイスラエル軍の軍用車両がハマスに放火され、イスラエル兵が引きずり出されている光景が映し出されていました。本来なら圧倒的な優位を保っていたはずのイスラエル軍が、かくまで蹂躙されている光景は想像できません。

佐藤　イスラエル軍の実力をもってすれば、初動でハマスの攻撃を封じ込めることは可能だったはずです。ところが、実際には警備は手薄で一気に侵入を許してしまった。

手嶋　音楽フェスの会場はガザ・イスラエルの境界から5キロほどのところで、ハマスの武装部隊はさらに20キロも侵入したと言われています。ハマスに占領された二つの町をイスラエルが奪還するのに2日もかかってしまった。中東では圧倒的軍事力を誇り、無敵と謳われたイスラエル軍ですが、今回は面目が丸潰れになったと言えます。

佐藤 明らかにイスラエル軍の機動力が劣化していたと、かつての上級幹部は私に嘆いていました。私から言わせれば、イスラエル側に油断と慢心があったんですね。

手嶋 イスラエルの軍事的優位は年を追って高まっていたはずです。ガザ地区では、2007年、イスラエルが鉄の分離壁を完成させ、完全な封鎖をやり遂げていた。物資の搬入も徹底して制限していました。壁には監視カメラとセンサーを備え、遠隔操作で機銃を撃つシステムまで完備していた。大規模な攻撃などはとてもできないはず、そう考えて油断していたのでしょう。

佐藤 さらには、三つ目が、ネタニヤフ政権による政治的な過ちだと。2022年の年末にリクード党のネタニヤフが首相に就きましたが、自らの権力基盤を強固にするべく、宗教右派勢力に迎合する姿勢が目立ちました。パレスチナ勢力に対する強硬路線を取ったことで、いたずらにパレスチナとの間で緊張を高めてしまった。安全保障上の脅威を自ら作り出してしまったのです。

手嶋　追い詰められたハマスは、座して死を待つよりはと暴発してしまった。相手をいたずらに追い詰めすぎてはいけない。ネタニヤフ首相にも大いに非があると思います。

佐藤　いまは軍事作戦を遂行することにイスラエル全体が全力を注いでいますが、いずれは、奇襲を許したインテリジェンス機関、軍、政府のそれぞれが相応の責任を取らなければならないと思います。ネタニヤフ首相が安泰でいることは難しい。それが、イスラエルのエリート層の共通認識です。

手嶋　情報、軍事、政治の三分野で、イスラエルはこれまでにない失態を犯してしまった。イスラエル社会のエリート層がそれを自覚していることが佐藤さんの話からよくわかりました。

佐藤　まずはガザの軍事的拠点を攻撃し、人質の救出をやり遂げ、ユダヤ人とユダヤ国家の殲滅を掲げるハマスを「中立化」させる。それがイスラエルにとって喫緊の課題です。前述しましたが、「中立化」とは、敵対する存在であるハマスを軍事力によって制圧し、イスラエルに敵対できなくすることをいいます。

真珠湾以来 ハマスの奇襲攻撃

佐藤 ハマスのイスラエルに対する奇襲攻撃を論じるにあたっては、ユダヤ教の安息日に触れないわけにはいきません。1973年の第四次中東戦争では、エジプト・シリア連合軍は、10月6日、ユダヤ教の最大の祝日、ヨム・キプール（贖罪の日）に攻撃の火蓋を切りました。それゆえ、あの戦いは「ヨム・キプール戦争」と呼ばれます。今回も1週間続いたユダヤ教の祭り「スコット（Sukkot）」（仮庵《かりいお》の祭《まつり》＝太陽暦10月に行われる。ユダヤ人の祖先がエジプト脱出の折、荒野に仮の庵を建てて住んだことを記念する祭り）を締めくくる安息日でした。いかにも隙を衝いた感がありますね。

手嶋 第四次中東戦争では、エジプト・シリア連合軍は第三次中東戦争でイスラエル側に奪われたスエズ運河一帯とゴラン高原を取り戻そうと奇襲に打って出ました。ただ、モサドは事前に攻撃の予兆を摑み、メイア政権と軍に警告を発していました。

佐藤 ただ、当時、イスラエルのメイア首相は最終局面になるまでモサド情報が正確であるとは考えませんでした。攻撃の直前になってようやく事の重大さに気づき、総動員令を出しました。戦闘開始のわずか40分前でした。ああ、時すでに遅し！

手嶋　その意味では完全なる奇襲とは言えません。しかし今回は完璧に奇襲が成功した。まさしく80年前の真珠湾攻撃以来のことです。連合艦隊の山本五十六司令長官が企図し、入念に作戦を立案し、周到な準備のうえで、空母機動部隊による真珠湾への奇襲は敢行されました。真珠湾に停泊している米太平洋艦隊の主力を魚雷で攻撃すべく、何か月も猛烈な訓練を重ねています。

佐藤　帝国海軍の雷撃隊は、真珠湾と地形が似ている水深の浅い鹿児島湾で、雷撃機が水平で魚雷を投下する訓練を重ねました。真珠湾は水深が浅く、魚雷攻撃は難しいはずと米側は見ていたのです。しかし、魚雷の水平舵の角度を変えるなどして、投下直後の沈降を防ぐ工夫を凝らし、真珠湾攻略に道を切り拓いていきました。当時、アメリカ軍は、真珠湾を攻撃する力は日本軍にはないと侮って、哨戒を怠っていたようです。

手嶋　日本海軍に真珠湾攻略の備えなし。そんなアメリカ側の〝思い込み〟という〝ノイズ〟が、日本の機動部隊は真珠湾に来襲するかもしれないという貴重な〝シグナル〟

をかき消してしまった。これが大著『パールハーバー　警告と決定』を著したロバータ・ウォルステッターが膨大な史料を渉猟して得た結論でした。

佐藤　ハマスには精強な軍事力を誇るイスラエルを攻撃する力量なし。イスラエルのそんな思い込みの〝ノイズ〟が、ハマス奇襲の〝シグナル〟をかき消してしまったんです。

手嶋　ハマスはこの奇襲を成功させるべく1年も前から密かに計画を練り、入念に訓練を重ねていたようですね。そうでなければ、いかに警備が手薄だったとはいえ、これほどの被害をイスラエルに与えることなどできなかったはずです。

地上戦となった場合、犠牲になるのは

手嶋　ハマスの奇襲攻撃をこうむり、多くの人質まで拉致されたイスラエルのネタニヤフ政権は、国内からの厳しい批判をかわすためにも、ガザ地区の武装集団ハマスを掃討する大規模な作戦を展開します。奇襲の翌8日にはハマスに「宣戦布告」を行いました。これは第四次中東戦争以来初めてです。その点ではイスラエルは国家を挙げて対ハマス

戦争に乗り出したといえるでしょう。

佐藤　イスラエルのギラド・エルダン国連大使は、ハマスの行為を「野蛮なテロ行為」と糾弾し、その温床となっているハマスの根拠地を消滅させる時が来たと宣言しました。その言葉を裏付けるように、イスラエル空軍はガザのハマスの拠点を一斉に空爆しました。標的は約500か所に及んだということです。

手嶋　パレスチナ保健省は最初の空爆で590人が死亡し、約2900人が負傷したと発表しています。

佐藤　同時にイスラエル軍は、ガザ北部の境界周辺に地上部隊を集結させ、ガザ北部の住民に24時間以内に南部に避難するよう勧告します。二つの避難経路を示してその間は危害を加えないと述べました。

手嶋　空爆と地上戦。ガザほどの人口稠密地帯で地上戦を行えば、軍事目標だけを破壊することは事実上不可能です。市民にも相当数の犠牲者が出ます。イスラエルは住民に避難の猶予を与えましたが、国連は100万人を超える北部のガザ住民が、1日や2日で南部に避難することなど不可能だと自制を促しました。10月末にイスラエルが地上戦を始めると、果たして一般の市民も巻き込まれ、悲惨な光景が繰り広げられました。

佐藤 今回の件で、イスラエルはテロ組織であるハマスを中立化することを目標としました。武装集団を完全に掃討するには空爆だけでは不可能です。地上戦によって、一つひとつ彼らの拠点を潰していかねばなりません。湾岸戦争でもあれだけの空爆を行ってもまだイラクの地上軍はたくさん残っていました。完全な決着をつけるには、どうしても地上部隊が入って掃討作戦をする必要があるわけです。ただ、とくにガザの市街地など人口が密集した地点で地上戦をやれば、兵士だけでなくそこに居住する民間人に多大な犠牲が出るのは目に見えています。

手嶋 ガザではハマスが地下通路を張り巡らせ、今回の軍事作戦でも使っているとイスラエル側は見ていたようです。イスラエルは、この地下トンネルこそ「テロ行為の温床だ」としてその破壊を大きなミッションにしていたと思います。

佐藤 地下トンネルの総延長は500キロにも及ぶといわれます。そして地下の基地にはハマスの作戦指揮所、武器を作る工場、武器庫なども備えられている模様です。バンカーバスター（地中貫通弾）のように、地下100メートルの施設まで破壊できる強力爆弾を使えば破壊できますが、一般の市民がその上で暮らすガザのような市街地では使用できるはずがない。やはり地上部隊が浸透して、その所在を確かめつつ制圧していくしかありません。

アル・シファ病院の地下に司令部がある?

手嶋　市街地に作戦用の地下トンネルがあるのか。しかし、それだけが問題ではありません。病院など医療施設の地下にも軍の施設があるのか。なかでも、ガザ地区で最も大きな病院、アル・シファ病院の地下にハマスの司令部があり、武器も隠されているのか。イスラエル軍がこの病院を包囲するなかで、国際社会の耳目を集めることになりました。

佐藤　戦時国際法は、負傷者や病人を治療する病院への攻撃を禁じています。ただ、同時に防御陣が病院を盾に使うことも禁じていますね。国際法は、赤十字を掲げながら、その背後で軍事行動をしたり、休戦旗を掲げながら攻撃を仕掛けたりして、相手を欺く行為を認めていません。武装組織ハマスがアル・シファ病院の地下に司令部を置いていた場合は背信行為となります。この場合は、病院は軍事拠点に使われているのですから、理論上は攻撃対象となり得ます。

手嶋 それが事実なら、ハマスはイスラエルの攻撃を避けるため、一般市民を盾にしていることになります。いずれに大義があるのか。実際の戦争では、正邪を判断することは容易ではありません。ハマスは病院を軍事作戦に使っている事実はないといい、イスラエルは病院の地下に軍事施設があると主張し、鋭く対立しました。

佐藤 この期に及んでイスラエル政府が軍事作戦を遂行したのは、「病院の地下に軍事施設あり」という事実にかなり確信があったと私は考えています。国際社会が注視するなか、明らかに間違っていたとなれば、国家の威信が大きく揺らいでしまう。私自身は病院を隠れ蓑にしてハマスがテロ行為を行っているという蓋然性は極めて高いと考えています。

手嶋 とはいえ、イスラエルのような〝インテリジェンス大国〟も間違えることはあり得ます。とりわけ、情報機関がノーマークで不意打ちを食らった時には、対敵情報は、どうしても過大に評価されます。私はワシントンの政治統帥部が重大な誤りを犯した事例を目の当たりにしています。ですから一層そう思います。イラク戦争の開戦にあたって、ジョージ・W・ブッシュ大統領はサダム・フセイン率いるイラクが生物・化学兵器など大量破壊兵器を製造・貯蔵しているという確かなインテリジェンスを得たとして、2003年に開戦に踏み切った現場に居合わせました。実際はどんなに血眼になって探しても、大量破壊兵器は見つかりませんでした。

佐藤　確かにそうでしたね。でも、国家の指導者は、それも強権的な国家の指導者は、意外にもあまり嘘をつかないんですよ。シカゴ大学教授のジョン・ミアシャイマーという国際政治学者が面白い実証研究を発表しています。

手嶋　ミアシャイマーは、ロシアによるウクライナへの侵攻を招いてしまった責任は、いたずらにNATOの東方拡大を急いだ欧米にも責任がある――と指摘して論争を巻き起こした安全保障の専門家ですね。

佐藤　そのミアシャイマーによれば、国家指導者は他国に対しては嘘をつかないというんです。国家指導者が他国に嘘をついてしまうと、当然、周囲の国の不信感を招きます。とくに安全保障に絡んだ嘘は、結果として国益を損なうことにつながるというんです。

手嶋 ミアシャイマーの実証的な研究は、一般的な常識とは異なる意外なものですね。

佐藤 一方で、民主的な指導者は、自国民との間に信頼関係があるため、自国民に嘘をつきやすい。損なうものよりも、嘘をついて得になるものが多いからだというのです。もっとも、ネタニヤフ首相が国際社会に「地下にハマスの軍事施設あり」と発信したのは嘘をついたのではなく、かなりの確信があってのことだと考えます。

手嶋 しかし、ハマスが実効支配する市街地の地下には網の目のようにトンネルが張り巡らされているのは事実にしても、果たして病院が軍事作戦の隠れ蓑として意図的に使われたのか、真相は依然として深い霧のなかだと思います。

佐藤 確かにイスラエルには挙証責任があります。

手嶋 繰り返しですが、イラク戦争を戦ったブッシュ大統領は「サダム・フセインのイラクは大量破壊兵器を隠している」とアメリカ国民ばかりか、諸外国にも伝えて、イギリスとスペインを誘ってイラクへの攻撃に踏み切りました。しかし、生物・化学兵器は遂に見つからなかった。このため、スペインは翌年首都マドリッドで列車爆破のテロに見舞われ、アスナール政権は総選挙に敗れてしまいます。イギリスのブレア首相も「名分なき戦争」に与したと英国民の怒りを買い、退陣を余儀なくされました。ガザの地下トンネルに関しては、佐藤さんは一貫してイスラエルの主張は信憑性が高いと認めてきました。まさしく旗幟《きし》鮮明です。インテリジェンスの専門家として、時に自らの立場を鮮明にしなければならない時があると述べていますが、まさに今回がそうですね。

佐藤　その通りです。事実の報道、分析、そして論評を生業にする者は、眼前の出来事を扱うに際して、まずは客観的な事実をしっかりと押さえ、それらの事実に立脚して如何に認識し、そのうえでどう評価するか。三つのステップを一つひとつ踏んでいく必要があります。確かに、アル・シファ病院の地下に軍事施設があるか否か。双方の意見が真っ向から対立しています。

手嶋　こういうケースでは、地下施設はあるかもしれないし、ないかもしれないと両論併記でお茶を濁すメディアがあります。しかし、これは決して「客観報道」などではない。公正さを装ってリスクをひたすら回避しているにすぎません。

佐藤　まずは「両論併記」で逃げ、事実が明らかになった段階で、「じつはそう考えていたんです」と穴倉から顔を出す。これでは後出しジャンケンです。情報の分析家としては失格です。私自身は手に入る限りの事実を検証し、イスラエル側の発表や動き、テロ組織としてのハマスの動向を勘案し、その末に、やはりイスラエルの主張の通り、病院内にハマスの軍事施設がある蓋然性が極めて高いと判断したのです。それが司令部であるかどうかは本質的な問題ではありません。

手嶋　そこまでなら、同じ主張をする論者はいるかもしれません。でも、佐藤さんはさらに一歩踏み出しました。

佐藤　ええ、もしアル・シファ病院の地下に軍事施設が何もなく、武器も出てこなかったなら、私は情報を扱う者として、以後は少なくともパレスチナ問題に関しては発言権を失うという覚悟で臨んでいます。

手嶋　パレスチナ問題に関しては筆を断つというのですね。

佐藤　ええ、そう申し上げています。

手嶋　インテリジェンスの専門家として、佐藤さんの非常な覚悟が伝わってきました。承っておきます。イスラエル軍は遂にアル・シファ病院に突入しました。病院内からは、ハマスのものとみられるライフルや拳銃、手りゅう弾、防弾チョッキなどを複数発見したとイスラエル側は発表しました。11月15日のことです。さらに23日には、イスラエル国防軍（IDF）の主張によると、アル・シファ病院脇の施設跡から、地下施設が発見されたとして、その動画が公開されました。

佐藤　アル・シファ病院を俯瞰するシーンから始まり、地下施設の入り口へとアップになり、そこから先へと進む動画になっています。

手嶋　果たしてこれが軍事施設かどうかは判別しにくいのですが、少なくとも病院施設には見えない複数の部屋やトイレがありました。

佐藤　人が一人通れるくらいのコンクリートで固められた通路が縦横に走っている様子が映像からわかります。

手嶋　ハマスは強く否定していますが、イスラエル側はアル・シファ病院がハマスにとって何らかの拠点となっていた証拠だと主張しています。イスラエル側の偽装工作の可能性も若干残っていますので、さらなる証拠の検証が必要です。

佐藤　イスラエルの言う司令部であったかどうかは別にして、地下施設とトンネルは見つかったわけです。またあの病院の中から銃を撃ってきたのも事実です。

病院の機能が停止した

手嶋　じつは突入前の13日に、包囲されていたアル・シファ病院が燃料不足で病院機能が停止したという報道がありました。パレスチナ通信は新生児6人を含む15人がそのために死亡したと伝えました。突入以前から、すでに患者たちの生命の危険が迫っていて、間接的な犠牲者は出ていたわけです。

佐藤　燃料不足で発電機が使えなくなれば病院は当然の如く機能を失います。保育器も人工呼吸器も動かない。当然、それによって命を失う人が出てくるでしょう。私自身、ついこの間まで病院にお世話になっていましたから、同じようなことが起きたら手術もできず命を落としていた可能性が高い。他人事ではないと感じました。じつに身につまされる。

手嶋　イスラエルにとっては、どうしても引くことができない。なんとしても報復したい。テロ組織を温存すれば、さらに犠牲者を生んでしまう。そう考えているイスラエルの内在的論理は承知するにしても、戦争は何と不条理とジレンマに満ちていることか。

佐藤　ですから戦争だけは起こさずに、その前に外交的な努力をいかに続けるかが大切なのです。戦争という最悪の事態を回避する努力は惜しむべきではありません。

手嶋　そういう意味でも、ハマスをここまで追い詰めたネタニヤフ政権の失策は大きいと思います。今回の度重なる空爆で、ガザ唯一の発電所も損傷して動いていません。病院施設などは発電機を持っていますが、完全封鎖状態では外から燃料が入ってこない。23年10月の早い段階で多くの病院が電力不足、停電に陥っていました。

佐藤　電力はもちろんですが、医療品も足りず、麻酔を打たずに治療せざるを得ないとか、消毒すらままならず雑菌が入って敗血病で命を失ったりするケースがたくさんある。人道危機が叫ばれる中で、どこまでイスラエルはハマスの掃討作戦を徹底しようとするのでしょうか。テロ掃討の大義がいかなるものであっても、一般市民の犠牲者がこのまま増え続ければ、国際世論はやはりイスラエルはやりすぎだと批判を強めるはずです。

進まない人質救出で戦闘は泥沼化？

手嶋　いっぽう、人質の救出がなかなか進まない中、11月24日から7日間の休戦が実現しました。この間にハマスは人質を計105人解放。いっぽうイスラエルの方も拘束していたパレスチナ人を計240人解放しました。

佐藤　女性や子どもを中心に解放されました。ただ、報道ではこの時点でまだ137人の人質が捕らえられたままだと。休戦は最初は4日間でしたが、2度延長されました。

手嶋　BBCの報道では解放された85歳の女性の談話が記事になっていました。それによると移動中は棒で殴られるなど暴力を受けたそうです。ガザの地下にクモの巣のように張り巡らされたトンネルに連れていかれ数人は別の空間に隔離された。人質一人ひとりに見張りがついていたがその後の待遇は酷いものではなく、ケガをしている人は医師による手当も受けることができたと証言しています。いっぽう同じBBCの報道ですが、別の解放された人質の証言で、自分たちは大変劣悪な環境に置かれていたと。地下の電気も通っていない部屋に大勢押し込められ、食事もどんどん悪くなって最後のほうは1日パン二切れだったといいます。何が真実で、何が虚偽であるか？　現場を見ていない私たちにはもはや判断が難しい。

佐藤　人質も何か所かに分けられていると思いますから、それぞれ扱われ方や環境が違っていても不思議はありません。いずれにしても、戦時下の報道、とくに当事者が発表するものはあてになりませんね。互いにプロパガンダもあり、情報戦でもあります。虚々実々、真実が何かはわかりにくい状態です。

手嶋　7日間の停戦を終え、12月1日からまた戦闘が再開されました。イスラエル軍は残された人質の救出とハマス掃討の目標を改めて掲げました。主にガザ地区南部のハンユニスが戦闘の中心になるとして、住民にさらに南部のラファに避難するようにビラを撒きました。以降の作戦はガザの中部から南部へと移っていくことになります。

佐藤　じつはこの停戦なんですが、私はちょっとうがった見方をしていました。

手嶋　ほう、それはどういうことでしょうか？

佐藤　最初4日間の予定が、2回ほど延長しましたね？　そもそも停戦に関しては長引くほどハマス側に有利になるはずです。イスラエルが一方的に攻撃しているわけですから。ハマス側は停戦を利用して態勢を立て直すこともできる。本来ならイスラエルは停戦を嫌がるはずなんです。それが延長まで認めた。これね、おそらくですがハマス側の意外な抵抗もあり、イスラエルの方が弾切れの心配が出て来たのではないか？　このままだと年を越しての作戦に支障が出る。そこでイスラエルはこの停戦期間にアメリカから大量に武器や弾丸を補充したというシナリオです。

手嶋　7日間の停戦はじつはイスラエル側にも大変な事情があったわけですね。

防衛装備移転三原則のカラクリとは

佐藤　ガザ情勢が緊迫化するなか、日本政府は「防衛装備移転三原則」の運用指針を改正しました。12月22日のことです。

手嶋　「防衛装備移転三原則」とは2014年に安倍内閣がそれまでの「武器輸出三原則」のルールを大幅に変更した新ルールです。平和貢献、国際協力、日本の安全保障に役立つ場合に限って、防衛装備品を輸出できるとした重要なルールの改正でした。従来は、少なくとも殺傷能力の高い完成品の輸出は認められていなかった。それが今回の改定でライセンス生産によって日本国内で製造する武器は、ライセンスの供与国であれば完成品を輸出できると変更になりました。

佐藤　そうですね。この改定で何が輸出できるようになったのか。日本政府は地上配備型の迎撃ミサイル「ＰＡＣ３」の完成品を米国に輸出することを決めました。「ああ、なるほど」と思ったんですよ。

手嶋　それが現下のイスラエル・ハマスの戦いと関連があるというのですね。

佐藤　ご明察の通りです。イスラエルはいまハマスとの戦闘で弾切れを起こしている。イスラエルの事実上の同盟国であるアメリカは、武器をどんどん輸出しているため、米国内の備蓄が底を突きかけている。アメリカ政府は慌てて「ＰＡＣ３」のライセンス生産をしている日本にプレッシャーをかけて急遽ルールを改定させ、完成品をアメリカに輸出させるようにしたのだと思います。

手嶋　佐藤ラスプーチン流のじつに見事な推理なのですが、読者の方々には注意が必要ですと言いたいですね。いくら、佐藤ラスプーチンでも、この見立てはいささかできすぎのような気がします。政権の安全保障の枢機に関わっている人物と情報のやり取りはあったはずです。でも、情報源は守らなければいけない。もともと、もしやと推理していたのは、嘘ではありませんから、先のラスプーチン発言になったのだと思います。日本は直接紛争地域に武器の完成品は送ってはいません。しかしながら、「玉突き」で間接的に武器を供給する。そんな時代が到来しつつあるのですね。

各国が停戦を要求

手嶋　武器や弾薬の補充ができたからでしょうか？　その後もイスラエルは攻撃の手を緩めず、各地の難民キャンプも爆撃・砲撃されて、多数の市民の死者が出ていると報道されています。国連パレスチナ難民救済事業機関（UNRWA）はガザ地区への人道支援がほとんどおこなわれなくなったとし、多くの住民にいよいよ飢餓と病気の脅威が高まっていると訴えました。「民間インフラを攻撃したり影響を与える攻撃パターンは、イスラエルによる国際人道法の順守への深刻な懸念を抱かせるもので、残虐犯罪の危険性を著しく高めるもの」だとの声明を発表しています。

佐藤　国連のグテーレス事務総長は12月7日、ガザの状況は破滅的だとして国連憲章第99条に基づいて、安全保障理事会に行動要請を行いましたね。99条の発動は国連として最も強いもので、1971年にバングラデシュの独立につながったインド・パキスタン危機の際に発動されて以来、じつに50年ぶりの事になります。それを受けて8日国連安全保障理事会はガザ地区での即時停戦を求める採択を取りましたが、ご存じの通りアメリカの拒否権行使によって否決されました。

手嶋　安全保障理事会ではアメリカが拒否権を行使するのは目に見えていましたね。ただ、その後、12月12日の国連総会の特別会合で、同じく人道目的の即時停戦を求める決議案が賛成153か国、反対10か国で可決されました。こちらは拒否権はありませんから。じつは10月にも国連総会で即時停戦が決議されています。その時は賛成は121か国でしたから、今回30か国が賛成にまわったということ。国連総会は安全保障と違い法的な拘束力はありません。ですが、国際社会の総意として、アメリカとイスラエルの孤立が浮き彫りになったと言えると思います。

佐藤 アメリカとイスラエルが決議に反対した大きな理由として、決議案にハマスのテロ攻撃を非難する文言が入っていないことを挙げていますね。さらに即時停戦はハマスを立て直すことにつながり、さらなるテロを生み出す。決議案は一方的で現実性に欠けると反論しています。ただ、いずれにしても停戦に反対することで戦闘が長引き、ガザの一般市民の犠牲が増えるほど、イスラエルとアメリカに対する国際世論の風当たりは強くならざるを得ない状況です。

手嶋 これほどまでに国際社会から非難を浴びても、ネタニヤフ首相はその意志を曲げるどころか、ますます強固にしているように感じます。「もはやイスラエルを誰にも止められない」という彼の言葉は、まさに佐藤さんが先にお話しされた「世界中を敵に回してでも戦って生き残る道を選ぶ」という決意そのもののように感じます。

佐藤 アメリカもネタニヤフ首相にはかなり手を焼いていますね。いくらハマスのテロ攻撃が残虐で非道であったにせよ、戦闘が長引くほどにガザの被害の拡大だけが国際社会に伝えられるということになります。1月9日、イスラエルを訪ねていたアメリカのアントニー・ブリンケン国務長官はガザ地区の民間人犠牲者、とくに子どもの犠牲者が多すぎるとコメントしました。国際法上の均衡性原則というものがあります。攻撃はつねに想定される軍事的な利益に見合った範囲内で行うべしというものです。ガザ地区の住民たちの犠牲がこれ以上になれば、明らかに均衡性原則を超えた攻撃だと非難される可能性がある。ただし、いまおそらく少なからぬハマスの戦闘員たちが民間人に扮して紛れ込んでいる状態でしょう。イスラエルとしても対応が難しい状況であることは確かです。

南アによるイスラエルのジェノサイド条約違反の訴え

手嶋　そんな中で、12月29日、南アフリカがイスラエルをジェノサイドの疑いでオランダのハーグにある国際司法裁判所（ＩＣＪ）に提訴しました。ガザへの軍事作戦がジェノサイド条約に違反するということでの提訴です。

佐藤　ジェノサイド条約は１９４８年に国連総会で最初に採択された人権条約です。ナチス・ドイツが600万人ものユダヤ人を虐殺したホロコースト。この歴史的な教訓を踏まえて、そのような悲劇を二度と起こさないようにするために作られた。年明け早々に審理が始まり、南アは「パレスチナ人の国家的、人種的、民族的な集団のかなりの部分を破壊することを意図していた」ということで提訴し、それに対してイスラエルは、作戦はハマスによるテロ攻撃に対する自衛戦争であり、無差別殺傷の意図もなく、民族的破壊を目指したものではないとして、抗弁しました。

手嶋　ICJは1月26日に緊急措置として、イスラエルに対して、パレスチナ自治区ガザ地区のパレスチナ人への集団殺害を防止するための暫定的な措置を命じましたね。ただし、ICJの判断には拘束力がありません。あくまでも緊急措置であり、イスラエルが条約違反をしているかどうかの最終的な判断には、数年かかる見込みです。

佐藤　拘束力こそありませんが、今回の判断が国際世論に投げかける影響は大きいものがあります。今後のイスラエルの作戦遂行、アメリカの動向などに少なからず影響を与えるでしょう。

手嶋　戦闘が長引くにつれて、アメリカとイスラエルの関係にも齟齬が出てきているのではないでしょうか？　イスラエルはハマスの殲滅を掲げていますが、そもそも妥当な目標であるかアメリカ自体が疑問視していますね。完全勝利まで戦い続けると宣言し続けるネタニヤフ首相と、人道上の問題を危惧するアメリカのバイデン大統領の間に、温度差が広がりつつあります。

トンネルへの海水注入は新たな惨劇を生む⁉

佐藤　イスラエルがガザの地下トンネルに海水注入を計画している――12月の初め、ウォール・ストリート・ジャーナル紙にそんな記事が出ました。地下トンネル内に潜むハマス戦闘員を掃討するため、大量の海水を地下トンネル内に入れるという大胆な作戦を練っているというのです。もし実行に移せば、かなりの犠牲を伴うことになります。海水を注入し水攻めにする。これでトンネルを使えなくすると同時に、戦闘員を地上におびき出すことができる。一見合理的な作戦に見えますが、これをやったら大変なことになると記事は警告していました。

手嶋　警告の意味を込めて、米側がリークしたのでしょう。ハマスのトンネルは総延長が500キロとも言われ、蜘蛛の巣のようにガザの全域に張り巡らされている。そこに海水を注入すれば結果は悲惨なことになってしまいます。

佐藤　ガザの住民は生活用水を地下水で賄っているところが多い。トンネルに海水を注入すれば地下水も塩でやられてしまう。半永久的に井戸は使えなくなります。

手嶋　そうなったら、住民は水が飲めなくなり、一気に犠牲者が増えます。農作物も塩害でダメになるでしょう。

佐藤　100万人単位で犠牲者が出るかもしれない。で、ウォール・ストリート・ジャーナル紙がそう報じたということは、イスラエルの先手を打って世論を喚起し、アメリカ側が何とか止めようとした布石と見ていいと思います。

手嶋　ところが、残念ながら次の週の12月12日には、イスラエルが海水の注入を始めたという記事が出ました。その後の様子は情報が表に出てこないので実情はよくわかりません。

佐藤　アメリカ側はこのイスラエルの海水注入作戦に極めて否定的でした。その後、この作戦の情報がメディアに出てこないのは不思議です。トンネルへの攻撃は最高機密事項だとイスラエルは言っていますが、もしかするとアメリカとイスラエルの間で、かなり激しいやり取りがあり、注入作戦が途中で中止された可能性もあると思います。

手嶋　いまやアメリカとイスラエルは必ずしも一枚岩ではなくなりつつあります。むしろ作戦が進むにつれ、バイデン大統領はネタニヤフ首相の頑なな姿勢を苦々しく思い、両者の間では緊張が高まっている節が窺えます。

佐藤　軍事作戦が終了した後、ガザ地区の統治をどうするのか。ヨルダン川西岸のパレスチナ自治政府に委ねるのか。アメリカはパレスチナとイスラエルの二国が共存する形の「二国家解決」を唱えてはいますが、ネタニヤフ首相は、ガザ地区の安全保障には関与すると言いながら、アメリカの提案とは明らかに距離を置いています。イスラエル国民の大多数ももはや「二国家解決」は非現実的と考えています。

手嶋　たとえ戦闘が終了しても、ガザ地区に平和が戻ってくるとは限りません。1月末の段階でガザ地区の死者が約2万5000人、そのうちの半数が女性と子どもだといわれます。私自身はイスラエルの内在的論理を理解したいと考えますが、これほどのイスラエルの攻撃はもはや人道に照らして許される範囲を超えつつあると思います。どうすれば、両者の停戦を実現することができるのか、佐藤さんとより深く論じていきたいと思います。

第2章

ハマスの内在的論理とパレスチナ

完全封鎖で追い詰められたハマス

手嶋　パレスチナ自治区の一つ、ガザ地区を実効支配するハマスが、いったい何故、このタイミングで空前絶後の攻撃をイスラエルに仕掛けたのか。奇襲を受けたイスラエルの最強硬派、ネタニヤフ政権は、必ずや「100倍返し」に出てくることは目に見えていたはずです。にもかかわらず、ロケットの砲弾の雨を降らせ、人質240人を連れ去るという挙に出たのか。これほどの奇襲に駆り立てた武装集団ハマスの「内在的論理」に分け入りながら、最大の謎に挑んでみましょう。

佐藤　まずは、ハマスが憎悪を募らせたネタニヤフ首相とその政権についてみてみます。2022年、ネタニヤフは3度目の首相に返り咲きました。リクード党党首で保守的な人物であることは知られていましたが、第1期政権（1996~1999年）のときは、バランスのとれた政策をとっていました。1997年にヨルダンでモサドがハマス高官を暗殺未遂し、イスラエルとの国交断絶の危機に直面した時に、ハマスの創設者アフマド・ヤシン（イスラエルの刑務所に終身刑で服役中だった）を釈放してヨルダンに送り、事態を平穏化させる決断をしたのはネタニヤフでした。今回の組閣にあたって、極右の政党や宗教政党と連立を組みました。

手嶋　イスラエルの建国以来、極端に右に傾いた政権が登場しました。この国で極右を意味するのは、ひとことで言えば、力を剝き出しにしてパレスチナの武装組織を押さえ込むことを意味します。

佐藤　実際、ネタニヤフ政権の政策は強硬そのものでした。パレスチナ自治区は、パレスチナ解放機構（PLO）の主流派組織ファタハが統治する「ヨルダン川西岸地区」とエジプトのイスラム原理主義組織のハマスが実効支配する「ガザ地区」の二つに分かれています。「ヨルダン川西岸地区」も、イスラエルの入植者とパレスチナ側の住民の間でこれまでも紛争が絶えませんでしたが、ネタニヤフが政権に返り咲くや、イスラエルからの入植政策を強化し、一気に衝突が増えました。

手嶋　確かに、イスラエルが「ヨルダン川西岸地区」の過激派の拠点を攻撃し、民間人を殺したりする事件が頻発し、パレスチナ側もイスラエルの市民を銃で狙ったりする、報復の連鎖が続いていました。その一方で「ガザ地区」は、少なくとも表向きはパレスチナ住民との衝突は比較的少ないように見受けられました。今回の事態を読むうえでここがポイントだと思います。

佐藤　まさしく手嶋さんの見立て通りです。表面上、平穏に見えたのは、地下には不満のマグマが渦巻いていたものの、それが強大な力で押さえつけられていたからにすぎません。

手嶋　「天井なき牢獄」――そんな「ガザ地区」の現状を言い表したこの言葉が全てを物語っています。イスラエルはこの「ガザ地区」を分離壁で完全に封鎖して、周囲を鉄壁で取り囲んでパレスチナの住民を閉じ込めていたのです。その惨状は筆舌に尽くしがたいものでした。

佐藤　ハマスがここを実効支配するようになったのは2007年のことでした。以来、イスラエルはハマスの白煙テロ攻撃を押さえ込むため、壁を作りました。壁を越えたハマスのロケット攻撃などを防ぐために電力の供給を制限し、さまざまな物資の流れも厳しく制限しました。ハマスが武器を蓄えられないようにするなど、反撃能力を徹底的に殺《そ》ごうとしました。そんな状態がもう16年も続いていたのですが、2022年、ネタニヤフ政権が3度目に登場して以来、ガザに対する封鎖政策を一段と厳しくしたのでした。

手嶋　武器の材料となる恐れがある物資を搬入するのを阻止するため、イスラエル当局が許可したものしか搬入も搬出も許されなかったといいます。陸地はすべて鋼鉄の分離壁やフェンスなどで囲われ、海上も出入港できる船が極端に制限され、厳格このうえない監視体制が敷かれていました。

佐藤　通常では武器の持ち込みなどできるはずがない。武器に転用可能な民生品も厳しくチェックされていました。かつて日本の過激派は「パイプ爆弾」を自前で作っていましたが、その材料となる水道管、パイプ、それをつなぐ部品も、ロケット砲に作り替えられる恐れがあるとして搬入が厳しく禁じられました。

手嶋　その結果、「ガザ地区」では、水道管の修繕ができず、水道が利用できないまま放置され、住民の暮らしが一層苦しくなっていたという報告もありましたね。

佐藤　実際に、ハマスが水道管を地中から掘り出して、ロケット弾に改造しているという情報もありましたから。物資搬入を制限してきたのは、ハマスのテロ活動を抑えるためというのがイスラエルの言い分です。

手嶋　佐藤さんご指摘の通り、電力も制限されていましたね。以前から「ガザ地区」の総電力の約６割はイスラエルからの配電で賄われていたといわれます。「ガザ地区」に唯一ある発電所も稼働が厳しく制限され、このため住民は、エネルギー供給もイスラエルに頼るしかなかったのです。電力一つとっても〝牢獄〟と言っていい惨状が続いていたわけです。

佐藤　電力が慢性的に不足していて、１日数時間しか電気が使えない。電力が足りないので生活雑排水を処理することができない。そのため、近くの溜《た》め池に水を溜めたり、海に流していた。悪臭がひどいだけでなく、水源が汚染され、水道や井戸水が飲めないところも多いと聞きます。

手嶋　国連が２０１２年に発表した報告でも「２０２０年にはガザは人が住むにふさわしくない場所になってしまう」と警告していました。

佐藤　そういう状況ですから、経済はとうに破綻していたんですよ。住民の失業率は46％と世界最高です。貧困ライン以下で生活する人は全住民の65％。パレスチナ難民に限って言えば貧困率は80％を超えているというデータさえあります。

手嶋　その劣悪な生活環境に政治的な自由もなく閉じ込められている様は、まさしく「世界最大級の野外監獄」でした。このような逃げ場のない状況では、住民たちの不満が沸点に達するのは時間の問題だったのでしょう。しかし、国際社会は、ウクライナでの戦いや台湾海峡での緊張の高まりに目を奪われて、ガザの惨状には関心を向けようとしませんでした。

佐藤　今回のハマスの奇襲が行われる直前にはガザ地区の住民たちによるデモも行われたのですが、いつもの事として国際社会は注意を向けませんでした。イスラエル、とりわけ、ネタニヤフ政権に注がれる憎しみと怒りが高まり、同時に、ここを直接統治しているハマスにも不満は向けられつつあったのです。支配者のハマスとしても、いま何とかしなければ、自分たちの統治そのものが危うくなるという危機感が高まっていたと思います。

手嶋　完全封鎖された後も、イスラエル軍は幾度もガザに空爆を敢行しています。そのたびに、ハマスの軍事拠点だけでなく、一般の市民にも犠牲者が出ています。しかし、財政難のハマスは、空爆で家を失ったり、家族を失った人たちへの補償や手助けをする余裕がない。住民のなかには「これまでハマスを信じてついてきたが、暮らしは一向によくならない。むしろ悪化するばかりだ」という不満が募っていたといいます。その一方で、大切な資金をトンネル掘りや武器づくりに振り向けていると批判的な声も住民のなかに出ていたようです。住民は自分たちは武器づくりやトンネル掘りに加担しなくても、ハマスが何をしているかは薄々気づいていたでしょうから。

佐藤 ロケット弾をひとたび撃てば、イスラエルから「10倍返し」、「100倍返し」の空爆を食らってしまう。しかも、その代償の多くは自分たちが支払うことになる。〝もうハマスにはついていけない〟という声が目立ってきていました。そうした声にハマスは当然気づいていて、何とかしなければと焦りを募らせていたはずです。

手嶋 住民たちの怒りが自分たちに向かってくるのは何としても避けたい。自分たちはイスラエルと雄々しく戦っている。そんな姿を示さなければとハマスは思ったはずです。住民の怒りと不満の矛先をイスラエルに向けようと、捨て身の奇襲作戦に踏み切った。そうした背景があったと思います。

中東の新たな国際政局がハマスを走らせた⁉

手嶋　いま検証したハマスが追い込まれていたガザの情勢に加えて、奇襲攻撃が行われた２０２３年には、これに先立つ3月、中東の国際政局を塗り替えるような大きな変化が起きています。こうした中東情勢の地殻変動もハマスを対イスラエル奇襲に走らせた要因になったと考えられます。

佐藤　いま、手嶋さんが指摘した「地殻変動」とは、２０２３年3月のイランとサウジアラビアの国交正常化のことですね。

手嶋　イスラムシーア派の代表格である大国イランと、これまた中東の盟主にして最有力の産油国、スンニ派のサウジアラビアが、電撃的に国交の樹立を発表して、国際社会を驚かせました。以前は様々な局面で鋭く対立していたのですから驚きでした。２０１6年には、サウジアラビア国内のシーア派の宗教指導者がテロに関わったとして処刑されています。その際シーア派のイランでは、怒った群衆がサウジアラビア大使館を襲撃し、両国は遂に国交を断絶してしまいます。

佐藤　そんなイランとサウジアラビアが、あろうことか、中国の仲介で国交を回復しました。

手嶋　超大国アメリカが受けた衝撃は計り知れないものがあったと思います。１９９０年の湾岸危機、翌91年の湾岸戦争をワシントンから見ていた者として、〝ああ、アメリカ衰えたり〟という感慨を禁じ得ません。あの当時は、サダム・フセイン軍のクウェート侵攻を受けて、多国籍軍を結成したアメリカは、サウジアラビアの駐米大使、バンダル王子を仲介役に、サウジ駐留の許可を取り付け、米・サウジ連携を基軸にクウェートを奪還したのですから。今回は、サウジアラビアがそのアメリカを蚊帳の外に置いて、イランとの国交の正常化の発表を、それも北京で中国の立ち会いの下に行ったのです。

佐藤　国交の樹立を発表した両国は、予備交渉の舞台を整えてくれたオマーンとイラクにも謝意を表明しています。

手嶋　オマーンとイラクは、確かに大切な力添えはしていますが、イランとサウジアラビアが国交の樹立をわざわざ北京で行った外交上の意味は大変に大きいと思います。外

イスラエルの周辺地図

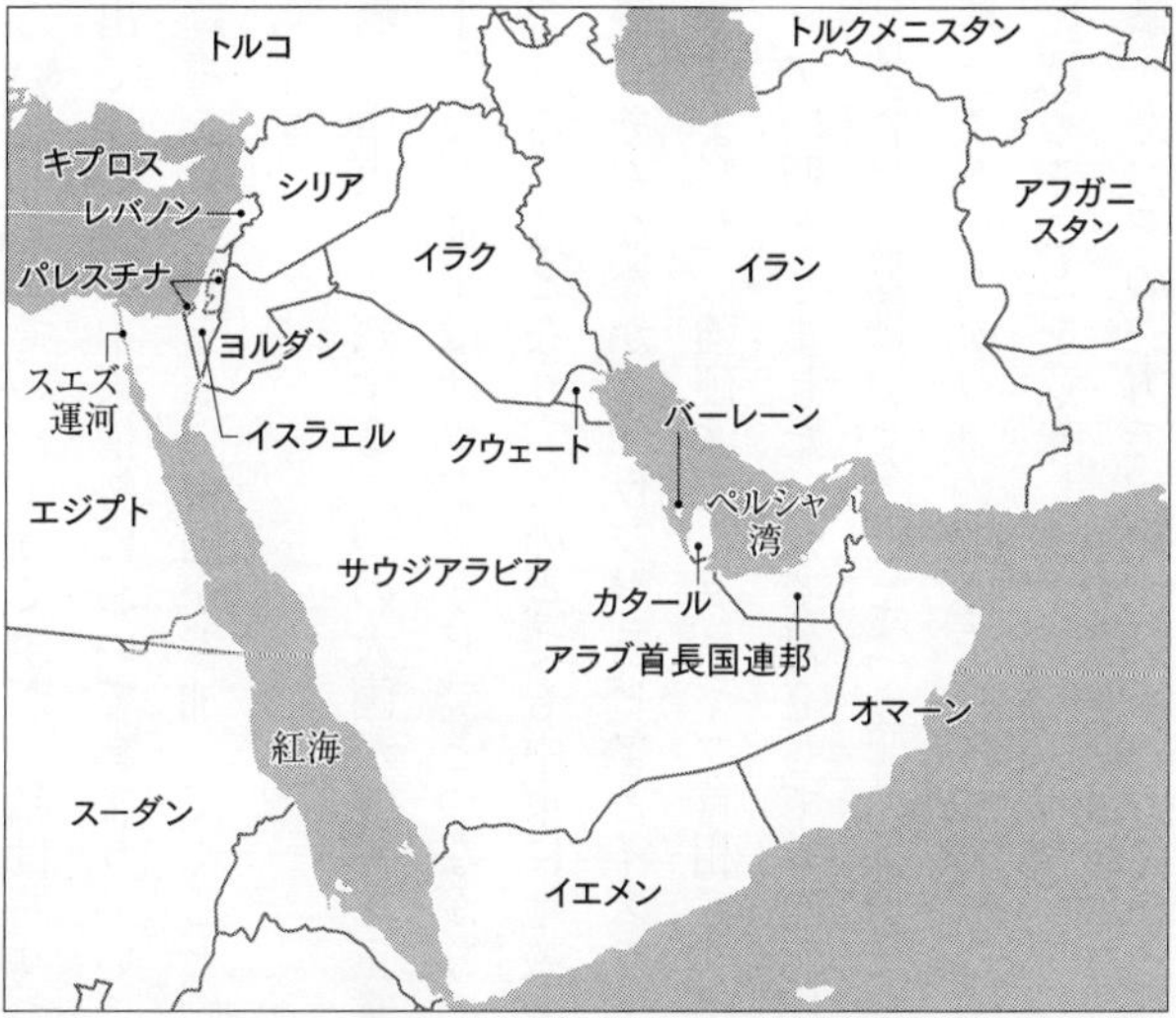

交に果たすシンボリックな表象は無視できません。中国の王毅《おうき》政治局委員の立ち会いの下で、サウジアラビアとイランが握手をする。そんな光景を全世界に向けて発信する効果は鮮烈です。米中の対立が深まるなかで、中東を代表する二つの大国が、とりわけ米国が中東外交の礎としてきたサウジアラビアが、バイデン政権をいわばコケにして、中国の首都北京でイランと国交を樹立するなど、しばらく前では考えられませんでした。

佐藤　国際社会の多くは、両国が国交を回復したことで、今後の中東情勢に明るい兆しを見ていたようですが、私はちょっと違った見方をしています。中国がここで出てくるのは中東情勢においてあまりいいことではないと思うんですよ。中東の過去の経緯をよく知らない中国が参加してくるとただでさえ複雑なゲームが一層複雑になるからです。

手嶋　中東を代表する二つの大国が関係を正常化したことで、アラブ首長国連邦、バーレーンなど従来はサウジアラビアとつながりの深いアラブ諸国が、イランとの関係を改善させる契機となり、この点でも中東に地殻変動が起きつつあることを窺わせました。

佐藤　そんななかでサウジアラビアとイスラエルが国交を樹立する交渉も密かに進められていました。強硬派のネタニヤフ首相も、国交が樹立される可能性は高いと海外のメディアに明かしました。永く対立してきた両国が外交関係を結べば、中東地域における「目覚ましい飛躍になる」とまで語り、前途に光明が差すかに見えました。

手嶋　これは、アラブの盟主を自任するサウジアラビアが、イスラエルを国家として正式に認めることを意味します。

佐藤　ただその一方で、両国は、パレスチナ国家の樹立に関しては具体的に触れようとしませんでした。サウジアラビアのムハンマド皇太子はネタニヤフ首相に「パレスチナ人の生活改善につながることを望みたい」とコメントしたにすぎません。

手嶋　ハマスからすれば、アラブ諸国の雄、サウジアラビアは、われわれを見捨てるのか、パレスチナ問題を脇に置いて、イスラエルに歩み寄るのかと。ハマスは疑いの眼差しを両国に向けていきます。４度に及ぶ中東戦争の経緯からしても、到底許しがたいとハマスは受け取り、今回の暴発につながったという見方も出ています。

佐藤　ただ、ハマスが国際情勢を見ながら戦略を立てたというより、このままではジリ貧になってしまう、それなら一か八か打って出ようとしたのが実際のところではないかと思います。

手嶋　ハマスがひとたび奇襲に出れば、イスラエルが「100倍返し」で応じ、壊滅的な打撃を蒙ってしまう。それはハマスも百も承知だったと思います。

佐藤　今回、ハマスが暴発して、イスラエルとサウジアラビアの外交関係の樹立を10年ほど遅らせるとしても、全然釣り合わない計算になりますね。

手嶋　イスラエルとハマスの衝突という新たな事態を受けて、サウジアラビアはパレスチナ問題でイスラエル側の譲歩を引き出すまでは、国交正常化の交渉を凍結すると表明しました。ただ、これはあくまで奇襲の結果ですから、佐藤さんが指摘するように、両国の国交を断念させるために奇襲に及んだとまで断じることは難しいかもしれません。いずれにしても、中東の国際政局の変化が、ハマス暴発のきっかけになったことは事実だと思います。

ローマに滅ぼされたカルタゴ人の美学とは？

手嶋 ハマスは滅びの予感を抱きながら、なお奇襲に突き進んでいったのか——。佐藤さんは、「ジリ貧になるよりは」と賭けに出たのではと、彼らの心の内を読み解いています。絶望の果てにという要素は確かにあったのでしょう。しかし、それは自滅の暗い予感に彩られています。ハマスの内面にさらに深く分け入って検証してみたいと思います。

佐藤 ハマスの心象風景は、紀元前8世紀頃に存在した植民都市国家カルタゴに近いのではないでしょうか。そう、古代ローマ帝国と雄々しく戦って滅びた西地中海に面したフェニキア人の植民都市カルタゴです。現在のチュニジア一帯に栄えた都市国家は、3度にわたって古代ローマ帝国と戦って、最後は華々しく散っていきました。ハマスにもカルタゴに通じる悲壮な覚悟、追いつめられた人びとの滅びの美学のようなものがあるのかもしれません。

手嶋　カルタゴは地中海貿易によって栄えた国ですね。イタリア半島を制した古代ローマ帝国とまずシチリア島の覇権を賭けて戦いました。第一次ポエニ戦争です。その後、名将ハンニバルがアルプス山脈を越えてイタリアに攻め込み、一時は古代ローマ帝国を苦しめたことでも勇名を馳せます。しかし最後は、強大なローマ軍に攻め込まれて滅んでいきます。紀元前146年のことです。

佐藤　カルタゴは優れた造船技術で大艦隊をつくりあげ、古代ローマ帝国との戦いではハンニバルやハミルカル・バルカスなどの名将を生み出しました。カルタゴの二重三重の堅固な要塞はローマ軍を苦しめました。しかし、結局は、ローマの大軍に打ち破られ、美しかった都市はすべてが焼き払われてしまいます。50万人のカルタゴ市民はほとんどが殺され、残った人間も散り散りになってしまった。栄華を誇ったカルタゴはここに歴史から姿を消してしまいます。ただ、あの強大な古代ローマ帝国に少しも怯まずに戦いを挑んだその雄姿はいまも歴史に刻まれています。カルタゴの民は、滅びの道を行った。だが、その雄々しい姿は世界の歴史に名を遺した。ハマスもまた滅びることでイスラエルとユダヤの横暴が糾弾され、神からの罰を受けることになる。ハマスはそんな物語を描いて蜂起したのではないでしょうか。

手嶋 追いつめられた民族は、悲壮な物語を綴って、散るのかもしれません。かつて日本人も、太平洋戦争の末期、神風特別攻撃隊を組織して最後の抵抗を試みました。「海行かば水漬《みづ》く屍《かばね》、山行かば草生《む》す屍、大君《おほきみ》の辺《へ》にこそ死なめ、顧《かへり》みはせじ」という大伴家持の長歌を歌詞にした「海ゆかば」という曲は、そんな日本人の精神を表しています。ただ、当時の軍の統帥部が、日々敗色が濃くなるなか、追い詰められて編み出した戦術でもありました。特攻機の戦士たちは滅びの美学にどこまで納得していたのか疑問です。『戦艦大和ノ最期』（吉田満）には、海の特攻作戦を敢行した臼淵《うすぶち》大尉が「日本ノ新生ニサキガケテ散ル　マサニ本望ヂヤナイカ」と述べたと記述されていますが、私はこの臼淵大尉の言葉に信を置きたいと思います。

佐藤　私たちの現在の感覚からすれば、滅びの美学を理解するのは難しいかもしれません。戦後の私たちの価値観は、個人主義、合理主義、生命至上主義の三つが基本になっています。ところが戦前の日本人には、そのいずれもが希薄だった。翻ってハマスはと言えば、個人主義と生命至上主義が存在しないのです。ただ、或る種の合理主義は強烈にあるように思います。だから怖いんですよ。

手嶋　ある種の合理性、つまり、ハマスなりに理屈が通った行動だというわけですね。

佐藤　その通りです。彼らの合理性には〝殉教〟という概念が入っている。この世は有限だが、あの世は無限である。そして、現世でジハード、つまり聖戦を戦って殉教すれば、天国に行って永遠の命を永らえることができる。ハマスの戦士はそう考えている。シュールではありますが、彼らなりの合理性に貫かれている。なぜわが身の破滅を顧みず、無謀にして残虐極まりない一斉攻撃に出たのか、私には理解できるように思います。

手嶋　なるほど、ワールド・トレード・センター目がけて自爆を試みたアルカイダのテロリストにも通じるものがありますね。

佐藤　ええ、イスラム主義のプリズムを通してみれば、彼らなりの合理性に貫かれている。それが今回のハマスの奇襲でも内在的論理でもつながっていると思います。もちろん、だからと言ってテロルが正当化される訳では断じてありません。

ガザの成り立ち

手嶋　ガザ地区の悲惨な現状についてはすでに述べましたが、このパレスチナ人の自治区がどのようにして生まれたのか、ハマスはどのようにして実効支配していったのか、検証を試みてみたいと思います。

佐藤　第二次世界大戦が終わった時には、いまのガザ一帯にはわずか8万人くらいのパレスチナ人しか住んでいなかったと聞いています。それがいまは220万人です。

手嶋　ガザ地区は地中海に沿って南北に約45キロ、幅は東西6〜10キロほどの長方形に近い形をしています。南はエジプト国境に接し、東側はイスラエルと接しています。面積は約365平方キロですから、東京都23区の6割くらいの広さです。ここにパレスチナ人が220万人、ひしめくように暮らしています。現在の住民の約85%は避難民です。

佐藤　ガザ地区の歴史は、1948年5月のイスラエル建国と切り離して語れません。イスラエルが建国を宣言すると、周辺のアラブ諸国が強く反発し、第一次中東戦争が勃発します。イスラエルの出現で父祖の地を逐《お》われたパレスチナの70万人が難民となり、このガザ地区におよそ19万人が押し寄せたのです。

手嶋　8万人の住民がのんびりと暮らしていたところに19万人の難民が押し寄せてきたのですから、ガザの風景は一変しました。

佐藤　いまでは忘れられていますが、このガザ地区は第一次中東戦争が終わってしばらくの間はエジプト領でした。ところが、1967年の第三次中東戦争で、イスラエル軍に占領されイスラエル領になったのです。正確にいえば、それに先立つ1956年の第二次中東戦争の際も、ガザ地区は短期間ではありますが、イスラエルに占領されました。

手嶋　いま佐藤さんが挙げた1956年は、戦後史の一つの節目となる重要な年です。〝危機の年〟と言ったほうがいいかもしれません。イギリスとフランス、つまり中東の旧宗主国だった英仏両国は、イスラエルを誘って「密約」を結び、エジプト領のスエズ運河とシナイ半島に侵攻しました。アラブ連合のナセル大統領が、英仏の命綱であるスエズ運河の国有化を宣言したのがきっかけです。ところが、英仏両国は、このエジプトへの武力行使を事前にアメリカのアイゼンハワー政権に内報せず、米国の激しい怒りを買ってしまいます。

佐藤　そのためにスエズ一帯から兵を引かざるを得なくなったのですね。

手嶋　ええ、冷戦下でアメリカとソ連を含む国際社会が英仏を厳しく非難する異例の事態となりました。これを教訓にイギリスはアメリカの〝特別な同盟国〟となり、一方のフランスは旧西ドイツと和解してヨーロッパ共同体の創設に向かっていくことになります。

佐藤　中東問題では、アメリカと英仏両国は、歴史的にも、原油や運河の利権をめぐっても、必ずしも利害が一致しないのですね。

手嶋　ええ。ですから、こと中東問題では、簡単に、〝欧米〟は、などと一括りにして論じることは避けたほうがいいと思います。第三次中東戦争の後、イスラエルがガザ地区を占領すると、ユダヤ人の入植政策が取られ、周辺のパレスチナ住民と衝突が絶えなくなります。

ハマスの誕生とパレスチナ人の抵抗運動

佐藤　こうした過酷な環境に置かれたガザ地区にハマスという武装集団が生まれてくるのは、ある意味で歴史の必然と言ってもいいかもしれません。ハマス自体は１９８７年にアフマド・ヤシンという人物が創設しました。彼はもともとムスリム同胞団の最高幹部のひとりだったと言われます。

手嶋　ハマスは、人脈の点からは、エジプトのイスラム組織「ムスリム同胞団」から枝分かれしました。ムスリム同胞団は、イスラム教スンニ派に属し、イスラム国家の拡大を目指す原理主義組織です。

佐藤　その誕生は古く、１９２８年ですから、第二次世界大戦前になります。

手嶋　当時のイスラム教徒は、イギリスの支配に抗い、西欧的な文明を拒否し、イスラムの戒律に基づいたイスラム社会の回復を理想として活動していました。第二次世界大戦後は、打ち続く中東戦争に義勇兵として参加しています。ムスリム同胞団は、社会団体的な組織から過激なグループにいたるまで、幅広く活動しているのが特徴です。

佐藤　後に詳述しますが、ハマスがパレスチナ解放機構（ＰＬＯ）と違うのは、過激なテロ活動を行うことは一緒でも、目指す方向性がかなり違うことは押さえておくべきです。

手嶋　そうですね。ファタハやパレスチナ解放人民戦線（ＰＬＦＰ）といったＰＬＯ系の組織は、共産主義的な思想を基にした民族解放運動です。いっぽうムスリム同胞団や、そこから生まれたハマスはイスラム教社会の復古を目指しています。

佐藤　かたや進歩思想であり、かたや反動保守的な宗教的思想です。水と油といってもいい。いずれにしてもムスリム同胞団は、その後のイスラム原理主義の源流となった組織だと言っていいでしょう。

手嶋　１９８７年12月、パレスチナで第一次インティファーダが起きます。インティファーダとは大衆の一斉蜂起を意味するアラビア語です。イスラエルの圧政に対して、パレスチナの民衆が遂に蜂起したのです。

佐藤　国家間の戦争や武装ゲリラが戦うのではなく、一般のパレスチナの民衆がイスラエル軍に対して火炎瓶や投石で戦ったというのが特徴でした。

手嶋　石を持つ女性や、血を流している少年の映像が世界中に流され、パレスチナ問題に対する世界の関心と同情が高まりました。そんな民衆の動きを支える組織としてハマスが誕生したのでした。ちなみにアフマド・ヤシンは10年以上の歳月をかけて、ガザ地区で社会奉仕団体を立ち上げ、ガザ地区の教育、医療、福祉などの分野で活動していました。同時に政治活動も行い、ハマスは次第に影響力を増していきました。

佐藤　政治・社会団体としての顔を持つと同時に、ハマスはイゼディン・アル・カッサム旅団などの軍事部門も備えるようになりました。これがその後の自爆テロやロケット弾攻撃などさまざまなテロや破壊活動に発展していきます。

手嶋　ハマスという組織が外からは捉えにくいのは、社会活動と軍事活動の二面性を兼ね備えているからかもしれません。

佐藤　普通の学校の先生や医者、役所などに勤めている人が、同時にハマスの党員だったり兵士だったりしますから。ガザ地区で地道に住民たちを支える活動をする一方で、イスラム社会を世界に浸透させようという原理主義集団であり、さらにはイスラエル国家を地上から消滅しようとする過激なテロ組織である。ハマスはいくつもの顔を持っていることを認識しておかなければいけません。

オスロ合意でさらに中東情勢は混迷へ

手嶋　1980年代を通じて、ハマスは、ガザの住民たちの暮らしを様々に支え、民衆の蜂起に際しては軍事的な拠り所になってきました。教育も医療も社会福祉も親身に面倒を見てくれる頼れる人たちでした。しかし、1993年9月、イスラエルとPLOの間で合意した「オスロ合意」でパレスチナ暫定自治政府が誕生すると、ガザを取り巻く状況は根底から変わっていきます。ここで「オスロ合意」の光と陰を検証してみましょう。

佐藤　「オスロ合意」とは、PLOがイスラエルを国家として認めると共に、イスラエルはPLOをパレスチナを代表する自治政府として認める画期的な合意でした。イスラエルは占領したガザ地区とヨルダン川西岸地域から漸時撤退し、5年間にわたってパレスチナの自治を認めるというものでした。この合意は、いまでも歴史年表では、中東の現代史を塗り替えたとして特大の扱いを受けています。

手嶋　ノルウェーのオスロから歴史的な合意が伝えられた時には、これで幾多の戦火に見舞われてきたパレスチナの地に平和が訪れると誰もが思ったものでした。しかし、いまの若者は「オスロ合意」といっても、そんな実感はないに違いありません。その意義は明らかに薄れてしまっているからです。

佐藤　PLOのアラファト議長とイスラエルのラビン首相がワシントンのホワイトハウスに招かれ、クリントン大統領の仲介の下で堅い握手を交わした光景は印象的でした。

手嶋　合意が成った直後は、これでイスラエルの建国以来の中東紛争に一つの区切りがつき、この地に平穏が訪れると希望の光が差したように思われました。だが、事態はそのようには進みませんでした。パレスチナ問題がいかに根深い紛争の根を宿しているか、その後の経緯から世界は思い知らされることになります。

佐藤　そう、事態に区切りがつくどころか、パレスチナ問題は一層紛糾することになった。その一つがハマスなどイスラム原理主義者たちの「オスロ合意」への反発でした。

手嶋　そもそもPLOとハマスは方向性が全く違っていました。PLOは共産主義的な思想に基づいていますから、基本的に宗教は認めませんね。

佐藤　PLOは1964年に誕生します。アラファトが率いるファタハがその主流派です。それまで2度にわたる中東戦争を経験したパレスチナの人たちは、アラブ諸国も西欧諸国も、結局は自らの国家の論理で動いている、その中でパレスチナ問題は政治的な駆け引きの道具にされてしまっていると不満を募らせます。これではいつまでも真の独立は勝ち取れない。自ら武器を持って戦うほかない。こうした機運が高まってきます。

手嶋　彼らはパレスチナ解放の旗を高く掲げ、ゲリラ戦術を駆使してイスラエル軍に立ち向かうようになっていきます。まさしく〝パレスチナ解放戦線〟の誕生です。

佐藤　PLOは、最初、ヨルダンの首都アンマンに拠点を持ち、シリアから武器の支援を受けていました。イスラエルに密かに潜伏し、数々の破壊活動を行ったのです。その背後には、エジプトのナセル大統領がいて、PLOは組織を整えていきます。そこにファタハが加わり、1969年、アラファトが議長に就任したのでした。

手嶋　これに対して、ハマスは、イスラム世界の復権を標榜する宗教原理主義の組織です。従って、異教徒の国家イスラエルなど認めるわけにはいかない。

佐藤　そう主張するハマスを蚊帳の外に置いて、「オスロ合意」で一方的にイスラエル国家の存在を認めて、よくも手打ちをしてくれたと反発を強めていきます。パレスチナは、自分たちのなかに手ごわい抵抗勢力を抱えていたのです。

手嶋　一方のイスラエル国内でも、ユダヤ教急進派など右翼が強く反発しました。その果てに「オスロ合意」を取りまとめたラビン首相が、急進派の青年に暗殺されてしまう。合意から2年後の1995年11月のことです。

佐藤　これで一気に和平の流れが変わってしまいます。暗殺の翌1996年に保守的なリクード党の党首だったネタニヤフ氏が初めての公選で首相に当選しました。ネタニヤフは以後、3度宰相を務めています。

手嶋　「オスロ合意」への国内の逆風が、ネタニヤフを宰相の座に就けたと言えるかもしれません。それまでの労働党のラビン首相とは違い、ネタニヤフ政権はユダヤ人のパレスチナ入植を強引に進め、緊張が高まっていきます。

佐藤　この時からハマスによる自爆テロ攻撃が始まったのです。「オスロ合意」の暫定自治期間は5年と明記されていましたが、話し合いは進展するどころか、和平ムードは一気にしぼんでしまい、凄惨なテロが横行する事態となりました。

手嶋　そうしたなか、2001年9月に同時多発テロが起きました。「テロの世紀」の幕が上がったのです。テロを企てたアルカイダは、直接、ハマスやファタハとはつながりはありません。ただ、9・11テロが起きたことで、イスラム原理主義や国際テロ組織への風当たりは強くなりました。イスラエルはこれを追い風にPLOやハマスへの圧力をさらに強めていきました。これに対してアメリカのブッシュ政権は、9・11事件を受けたイラク戦争の戦後処理のためにも、中東の安定化、とりわけパレスチナ問題の鎮静化を模索していきます。

佐藤　イスラエルは、ブッシュ政権のそうした意向もあり、2005年8月、ガザ地区から入植者と軍隊を撤退することを決めます。ただ、ガザ地区からイスラエル人こそいなくなったものの、人びとは経済的に苦しく、ガザの孤立化も進んで、住民の暮らしは依然として厳しいまま捨て置かれました。

手嶋　ガザでは表向きイスラエル人は姿を消したが、人びとの暮らしは苦しいまま。そこにハマスが住民の中にすっと入り込んでいった。ガザ地区でのハマス人気は相当高かったようです。憎きイスラエル人を追い出し、パレスチナ人の生活を守ってくれるのはハマスだと支持が広がっていきました。その一方でファタハなどＰＬＯ系の組織は、腐敗や汚職が目立ち、民衆の支持を失っていきます。

佐藤　かつて池上彰さんは、ファタハとは「カネに汚いハト派」、ハマスは「カネにきれいなタカ派」と表現していましたが、言い得て妙です。ただし今、ハマスは「カネに汚いタカ派」になっていますが。

そうしたなかで、２００６年1月、パレスチナ自治区での総選挙が行われると、大方の予想を裏切って、ハマスが半数以上の議席を獲得し、ＰＬＯ主流派のファタハから主導権を奪って第1党の座を確保したのです。

手嶋　ハマスとファタハは連立政権を組むことを一時模索しますが、協議は決裂してしまいます。双方のにらみ合いはその後も続き、散発的な銃撃戦などがありましたが、結果としてハマスがファタハ勢力を追い出して、ガザ地区を統治することになります。

佐藤　追い出されたファタハはヨルダン川西岸に逃れ、これでパレスチナ自治区は、ハマスが支配するガザ地区とファタハ率いるヨルダン川西岸とに分裂してしまいます。

手嶋　その後、前述した通り、ガザ地区には、イスラエルが分離壁を築いて、分離政策が敷かれます。〝天井なき牢獄〟が生まれます。200万人を超える住民が、大変に不自由で劣悪な生活環境のなかで暮らし、イスラエルへの奇襲に向けて時限爆弾の秒針が進んでいくことになったのです。

テロに対峙するイスラエルの選択

手嶋　ハマスに立ち向かうイスラエルの姿勢も次第に厳しくなっていきます。テロには絶対に屈しない。そのためには犠牲も厭わない。テロリストの要求を呑むようなこともしないというのです。

佐藤　人質の命を優先するあまり、相手の要求を呑んでしまえば、テロリストの思うつぼだ。これがイスラエル側の内在的論理なのです。テロを防ぐにはテロには屈しない、

「あいつは脅しても無駄だ」と思わせる、これこそがテロを防ぐ最良の方法だとイスラエルは心の底から信じているのです。

手嶋　ハマスに捕らえられているイスラエル人の人質は、２０２４年1月末の段階で、まだ１００人以上にのぼります。人質解放を目指して断固戦闘を続ける、とイスラエル側は攻撃の手を緩めていません。２０２３年12月末の議会で、ネタニヤフ首相は演説中に議場に詰めかけた人質の家族からかなり激しいヤジを浴びせられましたが、強硬姿勢は変わりません。

佐藤　人質家族にしてみれば、ガザへの攻撃よりまず囚われ人の解放交渉を進めてほしいと願うはずです。ただ、ネタニヤフ首相は、テロへの屈服につながることだけは避けたいと考えているのでしょう。日常的にテロと対峙する国家の苦渋が窺われますね。

ハマスと住民の関係性とは？

手嶋　ハマスはたしかに総選挙で過半数の議席を獲得して一応ガザ地区の政権を担うこ

とになった。統治の正当性は有していたわけです。しかし、ハマスとパレスチナ住民は決してイコールではありませんね。

佐藤　おっしゃる通りだと思います。住民は確かに憎きイスラエル人を追い出して、自分たちの土地を守り生活を考えてくれるハマスを頼もしく感じたかもしれません。しかしハマスの本質はイスラム原理主義であり、イスラム主義を普遍化することが目的です。現在では多くのパレスチナ人がハマスの暴力に怯えているというのが実態です。

手嶋　住民の中にはそのようなイスラム原理主義には必ずしも与しないという人もいる。その意味でもハマスと住民は一体とはいえません。

佐藤　ちょうど戦前の大日本帝国を考えてみてはどうでしょう。当時は天皇を頂点にして臣民一体となり、八紘一宇《はっこういちう》（世界を一つの家にすること。第二次世界大戦期、日本が海外侵略を正当化する標語として用いた）を掲げて西欧中心主義からのアジアの独立を目指しました。一見するとその大義のもとで国民が一丸となっているように見えたのですが、そのじつ、言論の自由などが制限された全体主義的な社会でした。多くの国民は声こそ上げませんが潜在的に不満を抱いていた。だからこそ、戦後アメリカの自由主義、民主主義的な価値観、さらにはソビエト連邦などからの共産主義思想が入ってくると、国民の意識は一気にそちらに傾いていきました。

手嶋　ネタニヤフ首相も、今回のハマス掃討作戦の理由として、戦後の日独の例を挙げています。われわれには迷惑ですが、ドイツや日本が第二次世界大戦で脱過激化に成功した例を挙げ、今回のガザの攻撃もハマスの壊滅とガザの非武装化、パレスチナ社会の脱過激化が目的だと述べています。

佐藤　イスラム原理主義のハマスとパレスチナの住民は決して一枚岩ではない。ハマスを排除することでガザ地区の脱過激化が可能になると考えているわけです。

手嶋　国家は極限状態に追いこまれると、自国民を守るより、自らの体制を守ることを優先しがちです。ガザの住民が、もうハマスにはついていけないと漏らすのは、ハマスは自らの政治体制を守ることに精一杯で、人びとの暮らしや安全は二の次になっているという状況があったのでしょう。

佐藤　そうですね。ハマスはパレスチナ難民という不遇な存在を体制の護持に利用している側面があったのです。惨状を国連に訴えることで国際的な支援を取り付ける。ガザ地区の支援を担っている国連パレスチナ難民救済事業機関（UNRWA）は、国際的な支援を取り付ける切り札になっている。住民の暮らしを維持するのは国連に任せて、自分たちはその支援で入ってきた物資やお金を流用し、地下トンネルを作り、武器を買ったり、爆弾を作ったりして、武力闘争に注力するという面はあったのでしょう。

手嶋　UNRWAに入った支援金はガザの住民には回らず、武器などの購入に回されているという疑惑は以前からありました。イスラエルが国連経由の物資の搬入になぜあれほど神経を尖らせるのか、外からでは理解できませんでした。

佐藤　加えて、ハマスの最高幹部はカタールの高級住宅地に住んでいて、ガザの住民とはかけ離れた豪華で豊かな暮らしをしているという話もあります。そういう人たちが本当の意味でパレスチナの人の味方なのか。事実を一つひとつ確かめていかなければいけませんね。

国連の職員にハマスが紛れ込み奇襲に関与!?

手嶋　そうしたなかで、驚きのニュースが飛び込んできました。1月27日、UNRWAの複数の職員が10月7日のイスラエル奇襲に関与した疑いがあるとして、該当する職員を解雇したと発表しました。

佐藤　以前からUNRWAにはハマスのメンバーが多数働いているという情報は囁かれていました。ただ、それが実際に10月7日の奇襲に関与しているとなると大きな問題です。イスラエル当局からの情報提供に基づくとされていますが、アメリカ、ドイツ、EU、日本など主要な資金拠出国も、UNRWAへの拠出を一時的に停止しましたから、かなりの信憑性があると見るべきでしょうね。

手嶋　国連の一組織がハマスに乗っ取られ、今回の奇襲攻撃の隠れ蓑に使われていたとすれば衝撃的です。ただ、何より気がかりなのはガザの避難民です。南部のラファにも100万人以上もの避難民がいます。彼らはUNRWAの支援が唯一の命綱です。それが断ち切られたら、それこそ大惨事になるでしょう。

佐藤　アメリカのジョン・カービー戦略広報調整官はCNNに対して「由々しい事態と捉えるべきではあるが、UNRWAの任務についてまで非難するべきではない」と語っています。まさにそうで、避難民の命をつなぐ支援自体はなんとしても継続させないといけません。

手嶋　国連のアントニオ・グテーレス事務総長はＵＮＲＷＡへの独立調査を至急実施すると声明を発表しました。いきなり支援を停止するのではなく、いま少し全体像がはっきりするまで支援に関する判断は据え置くべきでしょう。いずれにしてもガザの避難民にとって新たな災厄が降りかかってきたと思います。

佐藤　どんな戦争でも、戦闘に巻き込まれて亡くなるのは罪もない一般の人たちです。しかも女性や子どもたちが圧倒的に多い。

手嶋　ハマスが目指すものがイスラム原理主義、ＰＬＯが理想とするのが人民解放の共産主義的世界であったとしても、その戦いの過程で一番に被害を受け、苦しみと悲しみを受けるのは、一般の民衆です。

佐藤　どんな形であれ、今現在避難している住民の命を懸命に守り、国連はもちろんのこと、各国政府が知恵を出し合って、さらなる悲劇を食い止めなければいけないと思います。

第3章
ネタニヤフ首相とイスラエルの内在的論理

英米も強硬なネタニヤフに愛想を尽かした⁉

手嶋　前の章では、過酷な環境に置かれているパレスチナ人とその歴史、そこから生まれた武装組織ハマスに焦点をあてて、彼らの「内在的論理」に分け入りながら、現下の情勢を読み解いてみました。第3章では、ハマスが奇襲の標的とし、その報復に烈しい戦闘を繰り広げているイスラエルという国家の「内在的論理」について考えてみたいと思います。イスラエルという国は、対象も広く、誕生の歴史も錯綜しているため、ここでは主としていまイスラエルを率いているベンヤミン・ネタニヤフという政治指導者とイスラエル情報機関の象徴的な人物であるエフライム・ハレヴィに焦点を絞り、彼らの内面に潜むイスラエル的なるものについて考察したいと思います。

佐藤　とても賢明なアプローチだと思います。ネタニヤフとハレヴィは、イスラエルのインテリジェンス・コミュニティから生まれた人材なのですが、ある意味で対照的な人物です。いまのイスラエルを理解するうえで格好の存在だと思います。

手嶋　いまこうしてガザ地区の情勢を議論している間にも、エジプト国境に近いガザ南部の街でイスラエル軍による猛烈な掃討作戦が繰り広げられています。戦闘が長期化し、すでに3万人以上のパレスチナの人びとが犠牲になっています。ハマスとイスラエルは、エジプトやカタールを仲介役に人質の解放と長期の停戦について交渉を続けています。たとえ停戦が実現したとしても、中東に本格的な和平が訪れると安易な期待を抱くわけにはいきません。

佐藤　イスラエル・パレスチナ紛争をめぐっては、英米両国はこれまでは一貫してイスラエル寄りの姿勢を貫いてきました。

手嶋　ええ、アメリカ政府は、こと国連安保理のイスラエル関連決議では、しばしば拒否権を発動して、イスラエル寄りの姿勢を鮮明にしてきました。

佐藤　ところが今回は、この英米の姿勢にも変化がみられるようになっています。かつて宰相を務め、新たにイギリス外交を担うことになったデイヴィッド・キャメロン外相の中東評議会での発言には驚かされました。24年1月、パレスチナの和平を実現するためには、パレスチナ人に政治的地平を与える必要、すなわち国家が必要であると述べ、二国家を創設して永年の懸案を解決する重要性を明言しました。

手嶋　「イギリスにはパレスチナ国家に至る〝青写真〟を示す責務がある」ときっぱりと言い切ったのですから。このキャメロン発言は、じつに重い言葉だと思います。第4章で詳述しますが、そもそも、イギリスは、ことイスラエル・パレスチナ問題に関しては、第一次世界大戦以降、〝二枚舌外交〟〝三枚舌外交〟を繰り返して、現在の中東の混迷をつくりだした張本人です。アラビアのロレンスならずとも憤りを覚えてしまうと言っていい。

佐藤　第一次世界大戦時、イギリスはどうしてもパレスチナを手に入れたくて、アラブ人に対しては、パレスチナにアラブ国家を作っていいと言い、ユダヤ人に対してはパレスチナにナショナルホームを作っていいと言う。ところが、第二次世界大戦の後は戦争で疲弊したため、イスラエル・パレスチナ問題を国連に丸投げし、いまの大混迷をつくりだした。責任から逃げだした観がありますね。そのイギリスの大物外相が、現下の情勢に「責任あり」と明確に認めて、イスラエルにもモノ申した意味は大きいと思います。ただ、イスラエルからすると「お前たちイギリス人が、いまさら何を言うんだ」という受け止めになると思います。

手嶋　キャメロン外相は、イスラエル政府はパレスチナの住民に安全な暮らしを提供できなかったと述べています。そして、「イスラエルにとってこの30年間は失敗続きの物語だった」と述べました。自ら先んじてパレスチナを国家として承認する用意があると表明したのです。イスラエルにとっては衝撃的なメッセージとなったはずです。

佐藤　前の章で詳しく見た「オスロ合意」は、中東和平の重要な一里塚になるはずでした。ところが、その「オスロ合意」が結局パレスチナの地に平和をもたらすきっかけとはならなかった。それ以降の30年が「失敗だった」と述べたキャメロン発言はじつに直截な言葉ですね。ステーツマンでなければ吐けない一言だと思います。

手嶋　「オスロ合意」に基づいて、５年の暫定自治期間を設け、パレスチナ自治区がつくられたものの、結局、それを前に進めることが出来なかった。それどころか、イスラエル側の強引な入植政策、続くガザ地区の「天井なき牢獄」と呼ばれた分離政策などで、イスラエルはパレスチナ人のテロを押さえることができなかった。逆にテロを煽ってしまう結果になったとキャメロン外相は断じています。

佐藤 そんななかで、イスラエルにとって、事実上、最重要の同盟国であるアメリカとの間でも、水面下で不協和音が高まっているように思えます。第1章でも述べましたが、イスラエル側がガザ地区の地下トンネルに海水を注入しようとしている。バイデン政権は、初めはメディアへそうリークすることでイスラエルに警告を発しました。そんなことをすれば、井戸水が汚染され、飲み水が手に入らなくなり、ガザ地区は人が住めない廃墟になってしまうからです。しかし、イスラエル側はアメリカの制止を振り切って、2023年12月、地下トンネルがハマスのテロ活動の拠点になっていると海水の注入を一部で始めてしまった。アメリカの諫言を振り切ったネタニヤフ政権にアメリカはかなり苛立っているはずです。

手嶋 さらに2024年2月に入ると、ヨルダン川西岸でもユダヤ人の入植者がパレスチナ住民に暴力を振るっているとして、バイデン政権は、関係者のアメリカ国内の資産を凍結し、金融取引を停止する措置を発表しました。アメリカ政府がイスラエルの入植者を罰するのはかなりのことです。アメリカ政府は、これまで、イスラエルの利害にぴったりと寄り添ってきましたから。

佐藤　バイデン大統領とネタニヤフ首相の足並みは、もはやかなりずれてしまったと言わざるを得ませんね。おそらく、ネタニヤフ首相もここまで掃討作戦が長引くとは思っていなかった。しかも、英米両国がこれほど厳しい姿勢を示してくるとは想定していなかったはずです。

手嶋　イスラエル側の想定を超えてハマスが頑強に抵抗している。その一方で避難民たちが暮らしている市街地では思い切った掃討作戦はできない。そうしたなかで、これほどの犠牲者を一般の住民、とりわけ子どもや女性から出してしまった。国際社会が許容できる範囲を超えてしまっています。従来はイスラエルを支持してきたアメリカ社会も、いまや若者を中心に〝イスラエル離れ〟が起きているのはその証左です。

佐藤　ここまでくると、どうもイスラエルには分が悪いですね。ロシアのプーチン大統領もイスラエルの行為はパレスチナの住民には残酷なことだと述べています。すべてがハマスの関係者ではないのだからと言っています。イスラエル、正確には、ネタニヤフ政権の孤立は際立っていますね。

初のイスラエル生まれの宰相となったネタニヤフ

佐藤　先ほどオスロ合意以降、「30年間の失敗」というキャメロン外相の言葉を紹介しましたが、じつはこのうちの半分の期間、イスラエルの政権を担ってきたのは誰かと言えば――。

手嶋　何を隠そうネタニヤフという政治家です。

佐藤　ネタニヤフという政治家は、まず１９９６年６月18日から１９９９年７月６日までの３年間、初めて宰相の座に就き、イスラエルを率いました。その後、永く野に在ったのですが、２００９年３月31日に政権に返り咲き、２０２１年６月13日までの12年間にわたって首相を務めます。そして、２０２２年12月29日に３度目の首相となり、合わせて16年間あまりイスラエルという国を委ねられてきました。キャメロン外相は、この30年間がイスラエルにとって「失敗」の歴史だったと断じましたが、暗に〝ネタニヤフ政権の失政〟だと言っているんですよ。

手嶋　ネタニヤフ首相にとっては、さぞかし心外でしょう。しかも、キャメロン外相はこの発言に先立って、パレスチナを国家として認めると一歩踏み込んで、ネタニヤフ首相に注文をつけたのですから。

佐藤　イギリスもアメリカも、このままネタニヤフに任せていると、第五次中東戦争に発展してしまう。そう、真剣に心配しているのだと思います。

手嶋　現下の情勢をさらに詳細に検討する前に、ネタニヤフという政治家が、どんな人生を送ってきたのかを見ておきたいと思います。とりわけ、テロと断固として戦い抜き、一切の妥協を拒否する。そんな彼の政治手法がどのようにして生まれたのかを探ることで、ネタニヤフ政治の内在的論理に分け入ってみたいと思います。

佐藤　そうですね、英米をはじめ国際社会からこれほどの逆風を受けながら、頑としてハマス殲滅の旗を降ろそうとしない。そんなネタニヤフの人物像を探り、心の内を知っておくことは大切です。前作、中公新書ラクレ『ウクライナ戦争の嘘』（手嶋龍一、佐藤優、２０２３年）でも述べましたが、ロシアのプーチン大統領の場合と同様に「彼はほとんど狂っている」と断じてしまえば、そこで思考が止まり、事態を解決する糸口を見つけることはできません。

手嶋　ネタニヤフという人の人生の軌跡を辿れば、彼の強硬路線がどのようにして誕生したか、垣間見ることができると思います。

佐藤　ベンヤミン・ネタニヤフは、1949年10月21日、イスラエルのテルアビブで生を受けています。

手嶋　自分の国で生まれる――。われわれにとってはごく当たり前のことが、イスラエルではそうではありません。〝初めてのイスラエル生まれの宰相〟。ネタニヤフが初めて政権の座に就いた時、新聞はこんな見出しを付けて報じました。イスラエルが建国を宣言したのが1948年5月、ネタニヤフはその翌年、イスラエルの首都で生まれたのでした。ユダヤの民は永く国家を持たない流浪の民でしたから、それ以前には自国で生まれた宰相はいなかったのです。

佐藤　建国以来、初めて公選で、しかも46歳という若さで首相に選ばれています。

手嶋　まさしくミスター・イスラエルでした。明日のイスラエルを担う若き政治家として颯爽と政界に登場しました。その前はイスラエル国防軍の軍人でした。

兄の壮烈な死がネタニヤフを強硬派に!?

佐藤　まず、彼の家族構成から見てみましょう。父親のベン＝シオン・ネタニヤフはアメリカ・コーネル大学でユダヤ史を教える教授でした。ベンヤミンは男3人兄弟の真ん中です。そして3人がともにイスラエル国防軍（IDF）のエリート特殊部隊である「サイェレット・マトカル」に所属していました。

手嶋　イスラエル軍参謀本部の諜報局・アマンに属するコマンド部隊として知られています。ネタニヤフはイスラエルのインテリジェンス・コミュニティに属していたと言われるのはこの経歴のゆえです。テロの拠点を襲い、人質を救出するイギリスの特殊部隊に倣って創設された部隊です。ただ、このコマンド部隊は偵察などの諜報任務から、次第に対テロ作戦を遂行する実戦部隊に変貌していきます。

佐藤　そのコマンド部隊にネタニヤフ家の兄弟3人が揃いも揃って属していたわけです。それだけでもかなり特殊なファミリーですね。しかも、長兄はイスラエルでは誰ひとり知らぬ者はいない〝英雄ヨナタン・ネタニヤフ〟です。

手嶋　ネタニヤフ首相の2歳上の兄、ヨナタン・ネタニヤフは、じつに優秀な軍人でした。イスラエルが奇襲を受けたヨム・キプール戦争、つまり第四次中東戦争で活躍し勲章を受章しています。ところがその後、ネタニヤフ家に悲劇が襲いかかります。1976年6月27日、ウガンダのエンテベ空港でハイジャック救出事件が持ち上がります。この時、ヨナタンは特殊部隊の指揮官として現場で采配を振り、部下とともにハイジャック機に突入します。そして、唯一人の犠牲者となりました。

佐藤　過激派のテロリストは、エール・フランス139便をハイジャックし、乗客・乗員256人とともにウガンダのエンテベ空港に強行着陸しました。150人は解放されましたが、イスラエル人、ユダヤ人、合わせて106人が人質となりました(うち1人は病院へ搬送)。イスラエル政府は直ちに特殊部隊を現場に急派します。そしてテロリスト全員を射殺します。ウガンダ兵約100人が死亡し、ウガンダ空港のミグ戦闘機など多数が破壊されました。人質は3人が死亡したものの、残り102人は救出され、救出作戦としてはほぼ完璧な出来栄えでした。こうしたなかで、唯ひとり犠牲となったのがネタニヤフの兄のヨナタンだったのです。

手嶋　後に、この作戦は指揮官の名をとって〝オペレーション・ヨナタン〟と呼ばれることになりました。ヨナタンは、まさしく〝イスラエルの英雄〟なのです。しかし、最愛の兄を失ったネタニヤフ家をどれほど悲しませたことか。この悲劇は後の強硬派の指導者を誕生させる伏線になりました。

佐藤　このエンテベ事件に際して、イスラエル政府内では、激しい意見の対立がありました。人質の人命を優先し、相手の要求を受け入れてパレスチナ人テロリストの釈放もやむなし。これに対して、テロリストの脅迫には屈するべきでなく、武力で人質を解放すべし。結局、時のラビン首相は、武力で人質を救出する作戦を命令します。しかし、その強硬策が成功すると考えていた人は少なかったといいます。

手嶋　兄のヨナタンこそ、その難しいミッションを成功させた立役者でした。弟のベンヤミンにとって、指揮官ヨナタンは終生大切な存在となりました。テロには決して屈すべきではない――その信念は、兄の死と分かちがたく結びついているのです。

佐藤　ベンヤミン自身も、アマンの特殊部隊マトカルに入隊します。１９６７年の第三次中東戦争、1973年の第四次中東戦争に出征し、サベナ航空572便のハイジャック事件でも対テロ作戦で活躍しています。

手嶋 もっとも危険な任務をこなす特殊部隊で実戦に参加しているのですから、筋金入りの軍人だったのですね。実際に戦闘で肩を撃たれて負傷し、それがもとで退役しています。もし自分が元気なまま特殊部隊にいれば、エンテベ空港事件で兄を守ってやれたはず——そうした無念の思いがあったといいます。

佐藤 長兄ヨナタンは、尊敬する肉親であり、共に命を賭けて戦った戦友でもある。そんな兄を憎きテロリストによって喪った。その痛みは、ネタニヤフという政治家のテロに対する強い姿勢を決定づけたのでしょう。そこにユダヤ人の苦難の歴史、パレスチナ回復を目指すユダヤ人たち「シオニスト」としてのイスラエル建国への思いが重なると思います。ネタニヤフが何を心に期して政治の道に入ったのかは推して知るべしでしょう。

人生の大半をテロとの戦いに捧げた

手嶋　ベンヤミンは軍を退役すると、マサチューセッツ工科大学とハーバード大学で政治学を学び、優れた成績を収めたといいます。その後、ボストン・コンサルティング・グループで経営コンサルタントになります。この人から経営指南を受ける会社は戦闘的すぎてどうなるのか、ちょっと心配になりますが。(笑)

佐藤　長兄ヨナタンが亡くなった後、ベンヤミンは1976年に対テロリズム研究機関「ヨナタン研究所」を自ら設立しています。テロリズムの本質とは何か。いかにすればテロに勝てるのか。それをひたすら研究し、教えています。

手嶋　兄の遺志を後世に引き継ぎたい。そんな思いがその後の行動に滲んでいますね。同時に対テロ活動を特殊部隊の実戦レベルから、さらに理論に高め、政策と戦略に結実させたいという志も伝わってきます。ベンヤミンという人物の知的水準のほどが窺えます。

佐藤　ネタニヤフの著作『テロリズムとはこう戦え』（落合信彦監修・高城恭子訳、ミルトス刊）によれば、ヨナタン研究所が最初に主催した国際会議がエルサレムで開かれると、後に、アメリカ大統領候補となるジョージ・ブッシュ、後のパパ・ブッシュ大統領も姿をみせたといいます。テロは政治的、社会的な抑圧の結果生まれるのではない。独裁国家とテロ組織が国際的なネットワークを張り巡らし、その共謀の果てに生まれると力説しています。

手嶋　後に、ブッシュ・ファミリーは、湾岸戦争からイラク戦争へと、〝テロとの戦い〟を主導していくのですが、パパ・ブッシュの国際会議への参加は、深い因縁を感じさせますね。

佐藤　暴力的な手段と恐怖による支配を通じて自らの政治目的を達成する。これがテロリズムの本質だ。ネタニヤフはそう信じているのでしょう。そんなテロリストの邪悪な意図と手段に対峙するには、絶対に屈しないという意志こそが全てだ。これがネタニヤフの思想であり、信条なのです。それを認めるかどうかは措くとして、そんな彼の内在的論理を理解しないまま、ネタニヤフといくら交渉しても打開策は見つからない。彼の人生に思いを致すことなく、批判だけしていても、解決のきっかけは見つかりません。

対パレスチナ強硬派宰相の誕生

手嶋　ネタニヤフは、1988年、リクード党の総裁選に出馬して選ばれ、以後は政治家として頭角を現していきます。ネタニヤフは「私は長じてからのほとんどをテロリズムとの戦いに費やしてきた」と言っていますが、まさしくテロと戦うために生まれてきた戦士であり、戦う政治家だという感を深くします。

佐藤　手嶋さんのおっしゃる通りです。同時にネタニヤフは、徹底したリアリストです。ですから、ラビン首相とアラファト議長がにこやかに握手した「オスロ合意」は、表向きのパフォーマンスにすぎず、欺瞞に満ちた政治ショーに過ぎないということになります。

手嶋　「オスロ合意」の3年後、ネタニヤフは弱冠46歳で首相となったのですが、この合意が目指した〝パレスチナの暫定自治の期間を経て、パレスチナ国家の将来の地位を定める二国家解決〟など現実的にはありえないと考えたのでしょう。

佐藤　ハマスもパレスチナ解放機構（PLO）のファタハも、最終的な目標はパレスチナ全土からユダヤ人を追い出すことだとネタニヤフはその著書で断言しています。二国家解決という枠組みに従う限り、パレスチナのテロ組織はイスラエルに対する攻撃を止めることはないというのです。「テルアビブに隣接する領土とエルサレムの将来について、いまイスラエルがPLOとおこなっている和平交渉は、実は将来ユダヤ人国家の攻撃に使用する土地についての交渉だということである」（『テロリズムとはこう戦え』179頁）。これがネタニヤフの信念ですから、「オスロ合意」に唯々諾々《いいだくだく》として従うわけがありません。

手嶋　実際に「オスロ合意」の後は、二国家解決で終わらせまいとするパレスチナ側による自爆テロなどが頻発しました。そして、自爆テロを押さえる有効な手段が打てないと批判を浴びて、シモン・ペレス率いる内閣は選挙で敗れ、強硬派のネタニヤフが政権を奪ったのです。

佐藤　強者イスラエルの立ち位置を絶対に崩さない。これがネタニヤフの一貫した政治姿勢です。１９９６年10月には、ネタニヤフとエルサレム市長エフード・オルメルトは、エルサレムのハスモニアン・トンネルを開放し、嘆きの壁のトンネルに出口を開けることを決めます。嘆きの壁の上には、イスラム教の岩のドームがあります。トンネルの出口を開け、大量の観光客が岩のドームの下を通行することに反発したパレスチナ人による暴動が起き、１００人以上のパレスチナ人がイスラエル軍に殺される悲劇が起きます。

手嶋　その後、クリントン大統領の仲介によって、ネタニヤフ首相とアラファト議長がアメリカのメリーランド州ワイリバー農園で首脳会談に臨みます。そしてヨルダン川西岸からのイスラエル軍の撤退、パレスチナ側の暴力行為の停止が合意されました。しかし、この合意もまたほとんど履行されないままでした。

佐藤　いまからみると「オスロ合意」は、当初からあまりに多くの問題を抱え、実効性に乏しい取り決めでした。結果的にはイスラエルとパレスチナ双方に、混乱と衝突を生んだだけだったと言わざるをえません。ネタニヤフは「オスロ合意」が崩れていく過程で、パレスチナに対する強硬路線を先鋭化させていくことになったのです。

中東に延びる戦争の導火線

佐藤　このところ、レバノンを拠点に展開する武装組織ヒズボラの動きが活発になっています。イスラエルを取り巻く各国の国境付近では絶えず小規模な戦闘が続いています。ガザ地区の戦闘が長引けば長引くほど、これらの衝突の規模も拡大する傾向にあり、気がかりですね。

手嶋　たしかにいまの中東では、武力紛争への導火線が幾重にも走っています。緊張は日増しに高まっていると言っていい。ハマスが仕掛けたイスラエルへの奇襲は、戦火を周辺各国に拡げてしまう。われわれは一貫してそう指摘してきました。

佐藤　果たして現下の中東は懸念した通りに推移しつつありますね。

手嶋　米国のバイデン大統領は、2024年の2月初頭、米本土から戦略爆撃機B1を発進させ、イラクとシリアにある親イラン武装組織の軍事施設7か所を空爆させました。続いて英米の合同作戦として巡航ミサイルなどでイエメンの親イラン武装組織フーシ派の36に及ぶ武器貯蔵施設を相次いで爆撃させました。バイデン政権は声明のなかで「一連の攻撃は先月末にヨルダン北東部の米軍基地が無人機で攻撃され、米兵3人が殺害されたことへの報復だ」と明らかにし、またイエメンのフーシ派への攻撃は「紅海を航行する船舶に度重なる攻撃を加えたことへの対抗措置だ」と説明しました。

佐藤　米軍がこれほど大規模な軍事作戦に出たのは、ガザ地区で戦闘が勃発して以降初めてのことですね。

手嶋　今回のアメリカの武力行使には、11月に迫った米大統領選の影が黒々と落ちているように思います。自国の兵士を失いながら、バイデン大統領は手を拱いているのか――そんな批判が共和党から民主党政権に浴びせられていたことに応えざるを得なかったのでしょう。

佐藤　国内政局の事情で、伝家の宝刀を抜くのはあまり感心できません。現代史でも手痛い失敗をした例は枚挙にいとまがありませんから。

手嶋　1960年代には、民主党のケネディ米国大統領は、就任直後、CIAが組織した亡命者の部隊をキューバに上陸させようとしました。しかし、カストロ軍の反撃に遭って惨めな失敗に終わってしまいます。若き大統領には果敢な決断などできまい、そんな軍部やＣＩＡの疑念を晴らそうと誤った力の行使に踏み切ってしまったのです。ですが、ケネディからジョンソンへと続く民主党政権はその後も「共産勢力に弱腰だ」という批判を恐れ、ベトナム戦争の泥沼にはまり込んでいきました。

佐藤　バイデン政権は、レバノンのヒズボラ、イエメンのフーシ派、さらには親イラン武装連合体「イラクのイスラム抵抗運動」への攻撃は続けるとしています。その一方で、彼らの背後にいる大国イランへは攻撃しないと言明していますが、ホワイトハウスの思惑通りに運ぶでしょうか。

手嶋　〝戦争とは錯誤の連続〟といいます。米軍の空爆だけで親イラン武装勢力のさらなる攻撃を抑止できる保証などありません。イランが前線に迫り出してくれば、第五次中東戦争につながる恐れもなしとしない。

佐藤　最悪のシナリオは、中東における核拡散です。これもわれわれは一貫して指摘してきました。イスラエルは核保有国です。イスラエルが隣国レバノンのヒズボラと本格的な戦闘に入り、米軍が地上部隊を派遣しないなら、孤立したイスラエルは、戦術核を使う誘惑に駆られる可能性を排除できません。

手嶋　こうした局面ではエジプト、トルコ、カタールはもはや調停役たりえません。国連が機能不全に陥っているなか、核の使用を止められる外交の潜在力を有しているのは中国と日本だと思います。中東の核戦争を封じるためなら、日中が連携して動いたとしても、日本の国益は少しも損なわれない。日本の岸田総理は中国の習近平国家主席にいまこそ大胆な対話を持ちかけてみるべきです。

佐藤　いまの日本外交は、自らの潜在力を明らかに過小評価しています。〝やってみなはれ〟と言いたいと思います。

強権ネタニヤフが進める「司法改革」とは?

手嶋　いかに強硬なネタニヤフ首相も、停戦に応じさせるきっかけは必ずあるはずです。イスラエルとハマスは、どんなに鋭く対立していても、戦闘の停止と人質の全面解放についての水面下では交渉を続けています。いまのところ、話し合いは成就していませんが、これ以上犠牲者を増やさないために、国際社会はあらゆる努力をすべきです。ただ、そのためにもネタニヤフという強権的なリーダーがここ最近、進めている「司法改革」の実態をみておく必要があります。

佐藤 司法、立法、行政の三権分立は、民主主義の根幹をなしています。この制度はイスラエルでも確立しているのか。司法改革をめぐる問題は、それを問う重要な出来事でした。これまでイスラエル最高裁判所は、政府が決定した事項に合理性が認められないと判断した場合は、これを無効とする権限を有していました。

手嶋 実際に最高裁判所は、ユダヤ人の入植政策を違法と判断した例もありましたね。

佐藤 ところが、ネタニヤフ首相は、司法の立法府に対する権限があまりにも強いと考え、最高裁判所の行政に対する権限を制限しようとしたのです。じつは、この司法改革にはもう一つのネタニヤフの狙いがあったと言われています。彼は2020年に検察から収賄や背任などの容疑で起訴されています。これをどうにかしたいと考えたとも言われています。

手嶋 この司法改革法案は、2023年7月、野党が採決をボイコットするなか可決されました。行政府のトップに立つネタニヤフ首相は、司法まで制する権力を手にしようとしています。これには野党だけでなく一般の市民も、イスラエル史上初めてといわれる程、大規模な抗議活動を繰り広げました。最高裁は、2024年1月、裁判所の力を弱める「司法改革」関連法を無効と宣言し、いまも争いが続いています。

佐藤　これほどの反対に遭っても、ネタニヤフ首相は自身に権力をもっと集中させたい、さらに自分の思い通りに政局を動かしたい、という思いが募っているのだと思います。

手嶋　危険な兆候ですね。長期政権が続くと権力の集中が進むのが常ですが、裁判所の判断まで封じようとするのは明らかにやりすぎだと思います。

ネタニヤフはマッドマンなのか

佐藤　ベンヤミン・ネタニヤフとドナルド・トランプ。このふたりは似たもの同士と言えるかもしれません。メディアを活用する天才にして、過激な言葉で大衆を先導するポピュリストでもあります。実際、ネタニヤフはトランプについて歴代の米大統領のなかでも〝最高の友人〟と讃えています。

手嶋　２０１７年のことです。当時のトランプ大統領は、イスラエルの首都をエルサレムと認め、２０１８年にはアメリカ大使館を実際にエルサレムに移転しています。この時のイスラエルの首相はネタニヤフでした。彼らの二人三脚が功を奏して、じつに大胆な政策変更が行われました。われわれはこの決断は中東に新たな乱を起こす恐れがあると警告しましたが、何事も起こりませんでした。

佐藤　見事に見通しが外れたことを率直に認めなければいけません。イスラエルに反感を抱くアラブ強硬派の国々は、エルサレムを首都と認めた訳ではないものの、こうした決断を事実上容認してしまいましたから。ネタニヤフはイスラエルの錯綜した政局を操って連立政権を組み、機を見るに敏でじつにしぶとい。だからこそ、ネタニヤフは、３度にわたって長期政権を担うことができたのです。

手嶋　佐藤さんとは以前、ロシアのプーチンは〝マッドマン〟なのかと議論したことがあります。ネタニヤフ首相もトランプ前大統領も〝マッドマン〟的な資質を秘めているように思います。

佐藤　「マッドマン」と「マッドマン・セオリー」は異なりますので、改めて説明しておきましょう。「マッドマン・セオリー」はそのまま狂人理論と訳します。ことさらに強硬で過激な発言をすることで、自分は予測不可能な人間、つまり狂人であると相手に思わせ、譲歩を引き出したり交渉を有利に進めたりする方法論をいいます。

手嶋　ディールの天才と言われるトランプは、まさしく「マッドマン・セオリー」をことさら意識して使っていると思います。

佐藤　そう、あいつの言うことはめちゃくちゃだが、本気で怒らせたら何をしでかすかわからない。そういう恐怖心で相手を縛り付けて、譲歩を引き出すのです。こんな手法は、本当の「マッドマン」にはできません。ネタニヤフ首相にも、こわもての印象をことさら相手に植え付ける「マッドマン・セオリー」を駆使する面があると思います。

手嶋　その点でも、トランプとネタニヤフは似た者同士と言えますね。ただ、「マッドマン・セオリー」を意図的に駆使しているのであればともかく、「マッドマン」の本性が垣間見えてしまえば危険この上ない。実際にプーチンには、意図的なマッドマンを装いながらも、じつはどこかに西欧流の考えを害毒と考えるスラブ民族特有の心情が潜んでいる。佐藤さんはそう指摘していました。さて、ネタニヤフという政治指導者には真正のマッドマン的要素が潜んでいると考えますか。

佐藤　私はその要素があり得ると考えています。それはやはり彼の生い立ちの中で、兄をテロによって失っているという体験が重要です。それに加えて宗教的な影響もあり、合理性だけでは割り切れない内面世界を持っていると思います。ですから彼が本当に追い込まれた時、マッドな部分が頭をもたげてくる可能性があると覚悟しておくべきでしょう。

手嶋　中東地域には核兵器が現に存在します。イスラエルが英米からも孤立し、ヒズボラや他のアラブ強硬派の武装勢力が猛攻を加えてきた際は、ネタニヤフ首相が、たとえ小型の戦術核であれ、核のボタンを押さないという保証はありません。

佐藤　ですから、国際社会は、ヒロシマ・ナガサキの悲劇の後、封印してきた核のボタンは断じて押させないよう、打てる手はなんでも打たなければと思います。

〝ミスター安全保障〟の躓きの石とは？

手嶋　ネタニヤフは〝ミスター安全保障〟のニックネームでしばしば呼ばれています。その揺るぎない意志で精強なイスラエルを築き上げ、イスラエルの自由と安全を断固として守ってきたからでしょう。しかし、そんなネタニヤフの光と陰のうち、陰のほうが際立ち始めています。

佐藤　ちなみに「キング」「魔術師」というニックネームも見受けられます。政権の座に就くたびに、持ち前の攻撃的な性格と毒舌で政敵を多くつくりながら、その座をいったん降りてもまた返り咲く。権力へのあくなき執着を秘め、その迅速な判断力と行動力を武器に目的を次々に達成していく。そんなネタニヤフの姿に揶揄や畏怖がないまぜになって、そうしたニックネームは生まれたのでしょう。

ただ、手嶋さんが指摘したように、長期政権を去って、再び政権に返り咲いてからは、「司法改革」のゴリ押しにみられるように、いつしか彼の心の内に慢心と油断が忍び込んでいったのでしょう。

手嶋　政権のトップに永く居座っていると、国内政治はいうまでもなく、外交・安全保障などあらゆる分野で、自分は表も裏も知り尽くしていると思いがちになります。自分の実力と才能をもってすれば、何事も成し遂げられる。ネタニヤフという人の言動をみていると、どうも過信が見え隠れしているように思います。

佐藤　権力者にとって最も心しなければいけないもの、それは強大な権力を恐れるあまり、側近を含めて誰も本当のことを言わなくなってしまうことなのです。

手嶋　諫言という言葉がありますが、権力者に耳の痛いことを言ってくれる人がいなくなってしまう。これは洋の東西を問いません。権力者を諫めれば、その時は「君の忠告は心に染みる」などと言いながら、たちまち退けられる例は珍しくありません。これは何もイスラエルだけに限らない。読者の身の回りの会社でも日常的に起こっているはずです。さて、戦後の日本に奇跡のように現れた佐藤ラスプーチンに伺います。こうした弊を防ぐ現実的な方策はあるのでしょうか。

佐藤　あると思いたいです。ここはとりあえず、イスラエルのケースでお話しします。

第二次世界大戦が終わって3年後、周囲をすべて敵に囲まれるという苛烈な環境のなかで、イスラエルは誕生しました。それだけに、新生国家の〝長い耳〟である情報機関は、政治指導者が国の舵取りをするうえで欠かせない存在でした。

手嶋　GHQの占領下で、満足な対外情報機関を持たずに再出発したニッポンとは対照的ですね。

佐藤　まさしくその通りです。このところ、ネタニヤフ首相は、主に対外情報活動を担う「モサド」、軍の情報機関「アマン」、カウンター・インテリジェンス機関である「シン・ベト」、通称「シャバク」とも関係がギクシャクしていたようです。これらのインテリジェンス機関から首相府に上がってくるインテリジェンスを信用しようとせず、自分の独断で事を進める傾向があったと関係者は揃って証言しています。

手嶋　ハマスの奇襲を受けた時、最強のインテリジェンス機関と謳われたモサドが、攻撃を事前に察知できなかったのは、むろん彼らの責任ですが、ネタニヤフ首相が日頃からモサドからの情報に真剣に耳を傾けなくなっていましたから、インテリジェンスの劣化がかなり進んでいたことは事実です。

佐藤　これはといったインテリジェンスを上げても、まともに取り合ってくれないなら、情報機関の側も意欲を殺がれてしまいます。ネタニヤフ政権のもとでは、インテリジェンス・コミュニティ全体のモチベーションが低下していたのは事実だと思います。

手嶋　政府内で情報の回路、いわゆるインテリジェンス・サイクルが粛々と回っている国家では、最後の決断を委ねられる政治のトップには、選りすぐられ、分析し抜かれた情報、インテリジェンスが迅速に届きます。そして政治決断を委ねられたトップは国家の舵を誤りなく操ることが可能になります。

佐藤　ネタニヤフ政権では、このインテリジェンス・サイクルが的確に回っているとは言えず、結果的に情勢判断に支障が出ていると言えそうですね。

手嶋　そうした背景の一つにネタニヤフ首相自身がかつて「サイェレット・マトカル」という諜報的な活動も行う実践部隊に所属していたことがあると思います。つまり、自分はインテリジェンスについては、現場での経験も知識も持っているという思いが強かったと思います。

佐藤　現場の経験がむしろ邪魔をして、インテリジェンス機関を使いこなせないという弊はたしかにあるのです。自分のほうが、銃弾のなかをかいくぐって経験を積んでいる。戦争の現場もよく知らないインテリジェンス機関の若造が何を偉そうなことを、と思いがちなのです。以前なら、モサドやシン・ベトにネタニヤフより年上の大御所がいて、話に耳を傾けることもあったのでしょうが、いまや自分より上の人間はほとんどいないのですから。経験も浅い奴らから進言を受けても、素直に耳を傾ける気にならないのでしょう。

手嶋　これまた、読者の身の回りでも見られる光景で、気を付けなければと思う人もいるにちがいありません。年を取るにつれて周囲が頼りなく映ってしまう。そこから独善的に突っ走ってしまう。そんなリーダーは少なくありません。

ネタニヤフの対極にいるインテリジェンス・マスター

佐藤　ネタニヤフ首相が犯した錯誤の最たるもの、それはイスラエルが苛烈な環境で生き延びる〝触覚〟であったインテリジェンス機関との信頼関係を損なってしまったことにあると思います。

手嶋　ハマスの奇襲を許してしまったのもそれゆえだと言っていいと思います。そこで、国家の最高指導者と諜報機関の関係は本来どうあるべきか。それを考えるにあたって、最適の人物はモサドの伝説的な長官だったエフライム・ハレヴィ氏だと思います。そして稀代のインテリジェンス・マスターの素顔を語るにもっともふさわしい愛弟子が極東の島国にいます。我らが〝佐藤ラスプーチン〟です。

佐藤　ハレヴィ氏が愛弟子と思ってくださっているのか、自分ではわかりません。ただ、現役のインテリジェンス・オフィサーだった頃から、ハレヴィ氏の謦咳《けいがい》に接し、その後ろ姿からじつに多くを学ばせてもらいました。

手嶋　モサドが産んだ傑出した情報の達人は、いったん現役を退いて、欧州連合（EU）の大使をしていた時、当時のネタニヤフ首相に突如呼び戻され、モサド長官に抜擢されました。それだけに、ネタニヤフ首相をじつによく知る一人ですね。

佐藤　その通りです。ハレヴィ氏によれば、ネタニヤフ首相はとにかく即断即決、即行動の人だったといいます。首相の執務室に呼ばれてモサド長官を打診された時も「いますぐ、この場で返事をしろ」と迫ったそうです。その時には、副長官の人事も、就任の記者会見やテレビ出演のスケジュールも決まっていたそうです。

ハレヴィ氏がモサド長官に抜擢されたのは１９９８年４月だったと思います。私は外務省国際情報局の主任分析官として特命のインテリジェンス・チームを率いて、海外の主な情報機関との関係を築こうとしていた頃でした。ハレヴィ氏とは合わせて６回会う機会を得ています。随分と気に入ってもらいました。彼が夫婦で日本に来たときには全日程に同行しました。世界屈指のインテリジェンス機関のトップと親しく話ができる稀な機会でした。仕事の場面だけでなく、日常のプライベートの時間まで、常に一緒なんですから。

手嶋　外務大臣のような閣僚と違って、情報機関のトップは、すべてが隠密行動ですから、佐藤さんの経験がどれほど貴重なものだったか。国際的なインテリジェンス・コミュニティの実情を知る者としてそう思います。

ハレヴィ氏には新潮文庫『イスラエル秘密外交　モサドを率いた男の告白』（著・エフライム・ハレヴィ、翻訳・河野純治、２０１６年）という著書があります。佐藤さんは解説の筆を執っています。イスラエル流インテリジェンスの本質がどういうものか、国家の生き残りにどのように役に立ってきたか、じつによくわかる名著です。

佐藤　文庫版は2016年に出ているのですが、なぜかもう品切になっています。余談ですが、稀覯本として文庫の値段は驚くほど高価です。お持ちの方は大切に手元に置いておくべきです。

手嶋　ああ、そうなんですか。市場はそれだけいい本だと知っているんですね。

ハレヴィ氏は、冒頭からガザ地区のハマスの勢力拡大の話を書いています。ちょうどハマスが総選挙で過半数を上回り、ガザ地区からファタハ勢力を駆逐して実効支配に及んだ時期にあたります。

佐藤　今日の事態を見通している記述もあり、私も時折読み返すことがあります。この著書もそうですが、ハレヴィ氏から学んだことは、いかに敵対する関係にあっても、つながりを保っておくことが大切だという点です。敵対する組織、国家、それに個人との間で太いパイプを持っておく。それがインテリジェンス世界のプロフェッショナルだという教えです。

手嶋　佐藤さんも身を置いた外交の世界は、とかく公式の関係、言葉を換えればタテマエ的な関係に流れがちです。そこに常の外交ルートの限界があるのです。

佐藤　そこで非公式のルートや人間関係がどうしても必要になる。相手国の主要な人物と個人的な信頼関係を築いておけば、思いがけない情報がそこから入ってきます。同時に、こちらの意向もそれとなく伝えることができる。結果として、常の外交ルートで実現しない成果を手にするのが、インテリジェンスのプロフェッショナルというものです。

手嶋　それが〝ハレヴィの教え〟だったのですね。とりわけ、イスラエルのように周囲を敵対するアラブの国々に囲まれている場合は、そのような非公式チャネルが時に国家の死命を決することがあるわけですね。

佐藤　おっしゃる通りです。ハレヴィ氏によれば、イスラエル総保安庁シン・ベトの長官は、イスラエル国内の治安に責任を持つだけでなく、パレスチナ自治政府の行政区も担当しているため、パレスチナ自治政府と実務的な関係を保ち、さらにはパレスチナ民族運動の指導者だったヤーセル・アラファトなどとも個人的な信頼関係を結んでいました。一方でモサドの長官は、アラブ諸国、強硬派の国家の首脳とも個人的なつながりを大切にしていたと言われます。

手嶋 正式な国交がなかったり、鋭く敵対したりしている国とは、交渉のチャネルを閉じてしまいがちです。そうなると重要な情報は入ってこない。その結果、間違った判断を下したり、武力行使に走ったりしてしまいがちです。そうなれば、国益をひどく損なってしまいます。ハレヴィ氏はそれを戒めているのですね。

ヨルダンと一触即発の事態を収めたハレヴィの手腕

佐藤 ハレヴィの著書には、1994年春に彼が非公式にヨルダンのフセイン国王に賓客として招かれ、イスラエルとヨルダンが和平への道筋をつけた話が披露されています。

手嶋 ヨルダンは人口1000万くらいの小さな国家ですが、イスラエルにとっても、さらには、中東和平にとっても、きわめて重要な国です。ところが、日本から見ると、産油国でも、主要な貿易相手国でもありませんから、その大切さがなかなか見えてきません。その意味でも、ハレヴィ氏の著書やその人となりをよく知る佐藤さんの解説はとても示唆に富むと思います。

佐藤　確かにヨルダンという王国は極めて重要な存在です。東はイラク、北はシリア、南はサウジアラビアとの国境に接しています。それだけで、イスラエルにとっては、重要な地政学的意味を持っています。ヨルダンは、国際テロ組織や背後にいる国家が全面攻撃を仕掛けてくる際の前線基地にもなる。同時に、周辺国との関係を安泰にし、一種の緩衝地帯としておくことは、イスラエルという国の安全保障を担保するうえで、大切な〝壁〟にもなり得るからです。

手嶋　一方でヨルダンという国からすれば、イスラエルという強大な軍事国家と接しているわけですから、他のアラブ諸国とは違って、より安定的な関係を築いておきたいと考えるのはごく自然です。

佐藤　ただ、第三次中東戦争では、エルサレムを含むヨルダン川の西側をイスラエルに奪われたのですから、決して友好国ではありません。

手嶋　ヨルダンは1991年の湾岸戦争が起きると、それまで良好だったアメリカとの関係が冷え切ってしまいます。中東地域で微妙に揺れ動くヨルダンにいかに対処していくか。イスラエルのハレヴィ氏のようなインテリジェンスのプロフェッショナルに賭ける期待は大きかったと思います。

佐藤　先行きの読めない中東政局にあって、イスラエルとヨルダンが和平条約の締結にまでどのように漕ぎつけるのか。日頃から営々として両国の信頼関係を築いてきたハレヴィ氏にしか成し得ない大仕事だったのでしょう。

手嶋　薄氷を踏むように、粛々と折衝を進めていたハレヴィ氏の前にテロ事件が立ちはだかります。

佐藤　極秘裡の会談を終えてイスラエルに戻ったところ、イスラエル北部の2つの町でバスターミナルが爆破される事件が勃発します。実行犯は、ヨルダンの首都アンマンを活動拠点にするハマスではないかというのがイスラエル側の見立てでした。

手嶋　ハマスの軍事部門であるカッサム旅団が、ヨルダン国内を拠点にしていましたから、イスラエルの世論がこうしたハマス系の武装集団に疑いの目を向けるのは自然の流れでした。

佐藤　当時のイスラエルのラビン首相は、ハマスに活動の拠点を提供しているとして、ヨルダンを激しく非難する声明を危うく出しそうになりました。つい先ほどまでヨルダン側と折衝していたハレヴィ氏は、現地の情報源にもあたって、ハマスが動いた気配がないことを確かめ、ラビン首相に声明の発出を止めてほしいと懇請しました。

手嶋　ヨルダンのフセイン国王とすれば全くの濡れ衣でした。イスラエルとの和平条約を望んでいたのですから。

佐藤　じつは、ラビン首相は、ヨルダンの国王が和平条約の締結を望んでいることを知らなかったのです。ハレヴィ氏が帰国して報告をする前に、テロ事件が起きたのですから。ラビン首相はヨルダンがイスラエルに敵意を剝き出しにしてきたと思い込んでしまったわけです。ハレヴィ氏はラビン首相と急遽会って、ヨルダンのフセイン国王との折衝内容を細大漏らさず報告しました。ラビン首相は「なぜ、それを早く伝えてくれなかったのか」と言って、非難声明を出すのを取りやめたのでした。

手嶋　まさしく間一髪、ハレヴィ氏の情報力が危機を救ったのですね。

佐藤　敵対する側や交渉相手の中枢に忌憚のない話ができるルートを持っていることがいかに重要か。信頼関係を築きあげ、ときには相手への協力も惜しまない、このような人間関係が戦争や衝突を回避するのにどれほど大切か。ハレヴィという人物は身をもって示したのです。インテリジェンスの業は、根底のところで、相互の信頼のうえに成り立っている。どんなにIT全盛の時代になっても、アナログ的で人間くさい部分が大きなウェイトを占めることが分かります。

手嶋　かくして、イスラエルとヨルダンは、1994年10月、歴史的な和平条約を締結します。その背景には、ハレヴィ流のインテリジェンスの業が光っていますね。

ハマスの創設者を釈放、ハレヴィの決断の理由とは？

佐藤　今回、ハレヴィ氏のかつての活動を詳しく振り返ったのは、彼がハマスと深い因縁で結ばれているからです。結論をやや先走りしていえば、ネタニヤフのイスラエルは、そんなハレヴィ流の資産を擦り減らしてしまったことを伝えたかったからです。

手嶋　1997年のメシャル事件のことですね。ハーレド・アル＝メシャルはハマスの最高幹部でした。メシャルがヨルダンの首都アンマンで6人のモサド工作員に神経ガスを首に塗られて暗殺されかかったことがありました。結局、この暗殺は成功せず、暗殺を企てた工作員のうち2人はヨルダン警察に逮捕され、残り4人はイスラエル大使館に逃げ込みました。

ヨルダンのフセイン国王は、苦しい立場に追い込まれます。平和条約まで結びながら、イスラエルの工作員は、ヨルダン国内で暗殺事件に及んだ。明確な国家主権の侵害です。周辺のアラブ諸国からも安易に和平を選んだばかりに、イスラエル側に付け込まれたと非難され、フセイン国王のメンツは丸潰れになったのです。

佐藤　フセイン国王は烈火のごとく怒った。当時、イスラエルはネタニヤフ首相でしたが、どんなルートでアプローチしようとしても、取り付く島がない。困り果てたネタニヤフ首相が頼ったのが、すでに退職していたハレヴィ氏でした。

手嶋　ただしハレヴィ氏としても、窮状を打開する方策など簡単ではなかったにちがいありません。

佐藤　そこでハレヴィ氏が切ったウルトラCのカード。それが、イスラエル側に収監されていた終身刑のアフマド・ヤシンをヨルダンに引き渡す、という奇策でした。この囚われ人こそハマスの創設者です。当時、ヤシンは獄中で病気を患って車椅子で生活していました。それでも、これほどの大物を野に放てば、再び過激なテロ活動の指揮を執る恐れがありました。

手嶋　しかし、このままでは、ヨルダンはイスラエルへ国交断絶を通告し、第五次中東戦争に発展する可能性もなしとしない。

佐藤　だからこそ、ハレヴィ氏は、釈放と戦争を秤にかけたのでしょう。ヤシンを釈放すれば、テロの被害は確かに増えるかもしれない。だが、ヨルダンとの関係を保つことができれば、大規模な戦争は回避できると判断したのです。

手嶋　一方で、ヨルダンのフセイン国王にすれば、国家主権を侵害されて面目が丸潰れになった状況から、ヤシンを奪回したという功績をアラブ諸国にもアピールできる。

佐藤　さすが、このハレヴィ案には、当のネタニヤフ首相はじめ、政府部内からも反対の声が沸き起こりました。しかし、頭を冷やして考えると、まさしく〝他策ナカリシヲ信ゼムト欲ス〟だったのです。

手嶋　先ほど紹介した氏の著書にも書かれていますが、フセイン国王はイスラエルとの和平条約を停止し、イスラエル大使館の職員を召喚して、断交する決意を固めていたそうです。イスラエルが匿っている4人の工作員を引き渡すよう求め、イスラエルが拒否すれば、特殊部隊を大使館に突入させることまで考えていたそうです。

佐藤　一歩間違えれば、間違いなく、最悪の事態が現実になっていたと思います。ハレヴィ氏は単身でアンマンに乗り込んで国王と皇太子に接見し、ヤシンの釈放を持ちかけました。国王が提案を受け入れ、緊張が解けてきた機を捉えて、ハレヴィ氏は「国王陛下に一つだけお願いがあるのですが」と切り出します。国王に「何を望むのか」と尋ねられ、ハレヴィ氏は「ただ、お慈悲をくださいますように」と答えます。「お慈悲とは何か」と尋ねる国王に「陛下、私の口からは申し上げられません」と。国王は「よしわかった。大使館にいる4人をすぐに連れて帰れ」とお言葉があったそうです。

手嶋　ハレヴィ氏のインテリジェンスの凄みが伝わってくるエピソードですね。

佐藤　ハレヴィ氏からこの話を直に聞きながら、インテリジェンスの何たるかを会得した気がしました。冷徹な計算と状況判断、前例に捉われない柔軟な思考、そしてどんな状況下でも信頼関係を作り上げる人間力。すべてが揃ってこそ、真のインテリジェンスの力が生まれるのだと思います。

インテリジェンス力を喪失したイスラエル

手嶋 ハレヴィというインテリジェンス・マスターこそ、現下のネタニヤフ首相にとって〝反措定《はんそてい》〟（アンチテーゼ）ですね。そんな想いを籠めて、佐藤さんがハレヴィ氏のエピソードを披露してくれたことが伝わってきます。従来イスラエルという国家は、テロに対して強硬な姿勢を示してきましたが、同時にさらなる戦争の悲劇を避けるために、時に柔軟に対処してきた。しかし、ネタニヤフ政権では、柔軟にして懐の深い外交が喪われつつある、そう言いたいのですね。

佐藤 ご明察の通りです。イスラエル外交に脈打っていた硬軟とりまぜた奥行きの深さがいまは残念ながら見当たりませんね。

手嶋 ハレヴィ流のインテリジェンスの業はどこに行ってしまったのでしょうか。

佐藤 ハレヴィなきイスラエルにこそ、今回のハマスの暴発とそれに続く果てしなき悲劇があるように思います。自爆テロを防ぐためには、ガザを分離壁で囲って、〝天井なき牢獄〟に変えることは有効だったかもしれません。ただ、物理的に壁を作るだけなら、インテリジェンスなどいりません。たとえ、鉄の壁はつくっても、何らかの形で内部とつながっておかなければ、危機管理などできません。ソフトの部分でつながっていないと、ガザは見えない〝ブラック・ボックス〟と化してしまいます。

手嶋　これがハマスの奇襲がここまで完璧に成功したカギだと思います。相手の目が届かなければ、ハマスはガザ地区に縦横に地下トンネルを張り巡らし、武器をつくり、蓄えることができる。鉄の分離壁に頼って、ヒューミント・対人諜報をないがしろにしたことが、ネタニヤフ政権がインテリジェンスに躓いた要因だったと思います。

佐藤　政権の命は短い。だが、インテリジェンス機関は長命である。どちらが真の情報を蓄積し、より適切な判断の素材を提供できるか。それは連綿と続くインテリジェンス機関のほうである。ハレヴィ氏は著作にそう記しています。だからこそ、歴代の内閣は、モサドやアマンなどのインテリジェンスサイドの判断を尊重し、外交・安全保障を行ってきたのです。

手嶋　その点、ネタニヤフ政権は計16年と長く、それなりに自負もあります。インテリジェンス機関に頼らず、自らの力を過信してしまった。そこに彼の大きな蹉跌があったのでしょう。

佐藤　ですが、これを逆に言うならば、そんなネタニヤフ氏という強いリーダーを黙らせるくらいのインテリジェンス界の人材がいなくなったということでもあるんです。ハレヴィ氏はそれこそ歴史や文学などに造詣が深く、大変な教養も持っていました。そこから育まれる世界観や歴史観のなかでイスラエルやアラブ、その他の国々の動きを捉える能力があった。さらに持ち前の人間力であらゆるところに人間的なパイプを作っていた。その厚みと深さがあった。だからこそ、ネタニヤフのような強者であってもいざとなると頼らざるを得なかったわけです。

手嶋　佐藤さん曰く、ハレヴィ氏は100年に一人生まれるかどうかという偉大なインテリジェンス・マスターだと。あまりにも存在が大きくて比べるのは酷かもしれませんが、いまのインテリジェンス・コミュニティには小粒な人物しかいなくなった、ということでしょう。

佐藤　残念ながらそう言わざるを得ないと思います。ハレヴィ氏はそれこそインテリジェンスのプロフェッショナルの自負として、自分がイスラエルだけじゃなく全世界のユダヤ人の命運を背負っているという覚悟があった。だからたとえ相手が首相であろうと誰であろうと、正しいと思う考えを進言する。これ以上ガザ地区のパレスチナの人びとを締め上げると暴発します、国会で司法改革をやるのはいいけれども、自分の利害を絡めてやってはいけない、国政を根底からおかしくしてしまいますよ、と諫言すべきです。インテリジェンスの長であれば、そう進言しなくてはいけません。そんな大義に殉ずる気概もなく、自分の出世を優先して忖度ばかりしている、そんな人物が多くなったように思います。それではは真のインテリジェンスは生まれない。国益を毀損してしまう。

手嶋　いまの話は、どこの国、どんな会社、どんな組織に身を置く人も耳に痛いですね。

佐藤　ハレヴィさんが教えてくれたことをいくつか語録にしているのですが、その中で「インテリジェンス・オフィサーは常に目的のために教養を用いる」「友人を作る時は、慎重すぎるほど慎重になれ。しかしひとたび友人になったら、その友人の命を自分の命と同じくらい重いものと思え」という言葉があります。この言葉にインテリジェンスの仕事に対する姿勢と覚悟が表れていると思います。

手嶋　すごいですね。全人格を挙げて相手と向き合う。そういう真摯で誠実な姿勢でなければ、百戦錬磨の相手を説得することはかなわないのでしょう。

佐藤　さらに「神を畏れよ」「神の前で謙虚であれ」というのがあります。神とか超越的な存在を信じる人は、この人間の社会を大局的、相対的に見ることができる。同時に神を真に畏れる人は、人間をいたずらに畏れることはありません。たとえ相手が国家元首であろうと誰であろうと、神の前では同等ですから。国内政治においても国際社会においても、あるいは一般の社会においても、そういう視点と覚悟を持った人物、プロフェッショナルが少なくなっています。

停戦後のガザはどうなるのか

手嶋　依然として、ガザ地区の混迷は続いています。たとえハマスが撃退され、イスラエル軍の軍事作戦が終了したとしても、これからのガザ地区の統治の責任をいったい誰が担うのか。その青写真はどこにも見当たりません。

佐藤　イギリスやアメリカが「二国家解決」といっても、イスラエルのネタニヤフ政権がそれを認める情勢ではありません。イスラエル側は、当座は軍隊を駐留させて、治安と安全保障を担う姿勢を示しています。

手嶋　しかし、イスラエルもガザの統治に責任を持つとまでは踏み込んでいません。イスラエル軍は、すでに3万人を超す住民を殺してしまった張本人です。人びとの怨嗟の的となり、自爆テロも絶えないでしょう。またハマスの残党がどこかに潜んで、市民のなかに隠れてゲリラ活動を繰り広げる可能性があると思います。

佐藤　そうなるとやはりヨルダン川西岸地区を統括しているファタハしかいないということになります。ガザ地区にもファタハはいますから。ただ、これは相当上手にやらないと、いかにもイスラエル側の言いなりになって動いているように見えてしまう。そうなれば、パレスチナ住民のほうで激しい反発が巻き起こる可能性があります。

手嶋　ファタハは口では最大限イスラエルを非難しても、背後ではイスラエルと調整しながら統治せざるを得ないでしょう。

佐藤　いずれにしてもイスラエル軍の猛攻でガザの生活インフラも建物も激しく破壊されています。まずそれらを復旧させ、住民の暮らしの再建に取り組まなければいけません。それには大変なお金と労力が必要になります。果たしてそれを誰がどう負担するのか。

手嶋　イスラエル政府がすべて引き受けるとは考えられません。そうなれば、国連ということになりますが、国連パレスチナ難民救済事業機関（ＵＮＲＷＡ）は、ハマスが紛れ込んでいた問題もあり、すぐに機能することは望めません。

佐藤　ガザ地区の再建は、ゼロから仕組みづくりを考えなければいけません。さらに、イスラエルそのものも、停戦が実現した後、どうなるのか。ネタニヤフ首相の責任問題も必ずや出てくるでしょう。10月7日のハマスの奇襲直後に、イスラエルの日刊紙マアリブが世論調査を実施しました。いま選挙を行えばどこに投票するかを問うた結果、連立与党が42議席、野党が78議席で、与党が大幅に支持を減らしていることがわかりました。

手嶋　ふつう戦時下では、国家への危機意識もあって、時の政権に支持が集まるのですが、見事に逆になっています。

佐藤　それだけ、2023年10月7日の奇襲が、ネタニヤフ政権の失策と捉えられているんです。別の世論調査では、ネタニヤフに紛争後も政権を委ねてもいいと考えている人は、わずか15%しかいないという結果もあります。責任問題は不可避だと思います。ただ、ネタニヤフという人は、粘り腰でそう簡単に辞任するとは考えられません。

手嶋　次のアメリカ大統領選挙で、バイデン大統領よりもイスラエル支持の意向が強烈なトランプ前大統領が返り咲けば、ネタニヤフ首相は強い味方ができると政権に固執する可能性もあると思います。

多民族国家イスラエルを率いるのは誰か

佐藤　停戦後のガザ地区の統治を考える意味で、イスラエル国内のアラブ人問題は重要だと思います。イスラエル本国にも多くのアラブ人が生活しています。そのほとんどは、アラブ人でありながら、キリスト教徒なんです。ユダヤの人たちは金曜日の日没から土曜日の日没まで安息日で仕事をしてはいけない。イスラエルのホテルに行くとわかりますが、金曜日の夕方になるとホテルスタッフが全員入れ替わるんです。

手嶋　なるほど、安息日の礼拝に行くユダヤ人に代わって、アラブ人スタッフが宿泊者の世話をするわけですね。

佐藤　そうなんです。面白いことに、安息日は火を使っちゃいけないんです。あと、火の量を変化させてもいけない。車のエンジンも内燃機関ですから、運転も基本的に出来ない。あと、電気も火とみなしますので、エレベータには「安息日」というボタンがついている。安息日にそれを押すと各階停止になるのです。ですから30階建てとか40階建ての高層マンションに住んでいる人は大変なんです。まぁ、話は逸れましたが、つまりイスラエル国内でも一定数のアラブ人がいて、その人たちに頼らないと社会がうまく回らない。

手嶋　イスラム教でこそないとはいえ、アラブの人たちが結構暮らしている。その人たちに少なくとも週1日は頼らないとイスラエル社会は成り立たないわけですね。

佐藤　数では、全人口の10%には届きませんが、5%は超えています。そういうアラブの人たちはガザでもヨルダン川西岸でも被害にあっていますから、やはり同胞としての血が騒ぐはずです。今回のガザへのイスラエルの攻撃で、たくさんのパレスチナの住民が犠牲になっています。この事実がこの人たちのマインドに何らかの影響を与えないはずがありません。イスラエルにいるアラブ人を含めた動向が、今後の治安の維持にも悪影響を及ぼす可能性もあります。

手嶋　イスラエルというとユダヤ人の国家というイメージがありますが、実際はもっと複雑なんですね。

佐藤　そのほかにも、ソ連崩壊後にイスラエルに移ってきたユダヤ系の人たちがいます。当初は120万人と言われていましたが、いまは子どもが生まれて200万人を超えていると思います。ちょっと数は少ないのですが、チェルケス人という人たちもいます。チェルケス人は19世紀半ばにロシアが北コーカサス地域を占領した時、その周辺に住んでいた人たちですが、彼らをまとめてチェルケス人と呼びます。その人たちはオスマン帝国の庇護を求めて亡命したのですが、彼らが住んでいたのがいまのイスラエル北部なんです。

手嶋　もともと、イスラエルには世界中から迫害を逃れてきたユダヤ人たちが集まったわけですが、ユダヤ人だけじゃなく、じつに多様な出自の人たちが住んでいる。日本では、圧倒的なユダヤ人の国と考えがちですが、多民族国家なんですね。

佐藤　多面的に見ていかなければ、本当のイスラエル像というのは摑めないと思います。ネタニヤフ首相の強硬な姿勢が、いまはイスラエルとイスラエル人のイメージになっている感がありますが、あの国はもっと複雑で様々な顔を持っていると思います。

手嶋　ですから、多民族国家を懐深く束ねていく政治指導者が現れることを期待し、彼の地に平安が訪れる日が一日も早く来ることを願いたいと思います。

第4章

パレスチナとイスラエル
その悲痛な歴史

緩やかで寛容なオスマン帝国の統治体制

手嶋　イスラエルとパレスチナの紛争は、きわめて錯綜したものです。それだけに、両者の関係を理解するためにこの地域の歴史を遡り、歴史的な視点から現状を見直してみることが欠かせません。

佐藤　パレスチナ地域を中心に、中東の歴史を振り返ることで、イスラエル・パレスチナ紛争の本質に分け入ってみましょう。そこで一つ提案があるのですが、あの「出エジプト」の時代まで一挙に歴史を巻き戻すのではなく、まずはパレスチナ地域がオスマン帝国の領土であった時代から始めてはどうでしょう。

手嶋　賛成です。オスマン帝国は、現在の地平に直接つながっていますから。オスマン帝国は、オスマントルコとも呼ばれますが、13世紀の末にいまのトルコ西北部に出現した遊牧民族の一大帝国です。精強な騎馬軍団がその起源とされ、その後、オスマン帝国は拡大を続けて、16世紀のスレイマン1世の治世に最盛期を迎えました。

佐藤　当時、オスマン帝国の版図では1500万人もの人口を擁していたそうですから、どれほど強大な存在だったかわかるでしょう。

手嶋　オスマン帝国は、1453年、東ローマ帝国の首都だったコンスタンティノープルを攻め落としました。これによって東ローマ帝国は滅亡します。その版図が最大になったのは1683年のことです。ヨーロッパでは神聖ローマ帝国を攻略し、アフリカではエジプトからアルジェリアの一帯を支配します。中東地域では、いまのイラク、シリア、レバノン、イスラエル、パレスチナ、さらにはアラビア半島の沿岸部にまで及ぶ広大な地域をその支配下に置いたのでした。

佐藤　このオスマン帝国に比較できるものとしては、モンゴル帝国が挙げられますが、チンギス汗で有名なモンゴル帝国は、後に元と三つのハン国に分裂し、わずかに150年ほどしか続きませんでした。これに対してオスマン帝国はじつに600年以上も存続しました。

「帝国」が比較的永く続いた例を歴史的に見てみますと、キーワードはたった一つ、「緩やかな統治」です。ちなみに、オスマン帝国も「緩やかな統治」を心掛けていたと思います。オスマン帝国の属領となって、税を払いさえすれば、基本的には自治が許されたのです。わけても宗教に関してはじつに寛容でした。オスマン帝国の中心はイスラム教でしたが、版図が拡大するにつれてローマ・カトリック、ギリシャ正教、アルメニア使徒教、ユダヤ教、コプト教までじつに様々な宗教を信じる人びとを擁していました。税金を納めさえすれば、宗教活動や生活習慣は各民族に委ねられていたのです。

手嶋　それぞれの民族が信じる宗教に対する寛容と言っても、その中身は異なっていたはずです。ここは宗教研究者でもある佐藤さんの出番です。

佐藤　確かにその通りで、オスマン帝国にあっては、同じ一神教であるユダヤ教やキリスト教に対しては、これを「啓典の民」として篤く保護しました。もとを辿れば、アッラーもヤハヴェも唯一神であり、同じ神ですから。

手嶋　イスラム教というのは、じつは寛容な面を持つ宗教だとよく言われますが、オスマン帝国はまさしくそれを体現していました。当時のヨーロッパでは、キリスト教が全盛でしたから、ユダヤ教徒は迫害されることが多かったですね。

佐藤　しかし、オスマン帝国では、条件付きですが、ユダヤ教徒が受け入れられ、迫害されることは少なかったと思います。

手嶋　それこそが、オスマン帝国の支配は比較的安定していた秘訣だと言えそうですね。「パックス・ロマーナ」ローマの支配による平和に因んで、「パックス・オトマーナ」オスマンの支配による平和と呼ぶ歴史学者もいます。

佐藤　実際にオスマン帝国の版図では、イスラム教徒、ユダヤ教徒、キリスト教徒があまり争うことなく共存していました。

手嶋　いま、パレスチナの地では、イスラム教徒とユダヤ教徒が互いを認めず、激しく争っています。それだけに、イスラム教は他の宗派を認めない狭量で過激な宗教に見えてしまいますが、歴史を遡ればむしろ逆で、とりわけオスマン帝国では〝イスラムの寛容さ〟が行き渡っていたのです。細かく見れば、むろん例外もあると思いますが、オスマン帝国の統治、とりわけ宗教政策は概して寛容だったと言えますね。

佐藤　イスラム教が怖いと一般に思われるようになったのは、やはりイスラム原理主義が現れてからだと思います。また、ヨーロッパはイスラムは好戦的であるとして、「剣かコーランか」と表現したりします。イスラムに改宗しなければ戦争だという意味です。

しかし、これは実態を反映していません。非イスラム教徒に対する税率のほうがイスラム教徒より高いので、強制改宗などすると税収が減って国家運営に支障をきたします。実際には、「剣か、納税か、コーランか」なのです。納税すれば信教の自由は認められたわけです。

列強の進出とイギリスの三枚舌外交

手嶋　17世紀まではオスマン帝国のもとで、比較的緩い社会で様々な宗教を信じる人びとが共存していたのですが、18世紀末に入ると状況が大きく変わってきます。ロシア帝国が南下してオスマン帝国と衝突し、黒海沿岸からクリミア半島を奪ってしまいます。

佐藤　19世紀になると、フランス革命の影響でバルカン半島の諸民族が独立運動を繰り広げ、エジプトがオスマン帝国から独立を果たします。その背後に在って自らの国益を追い求めるヨーロッパ列強の動きも見逃せません。

手嶋　まさしく、欧州列強が植民地の獲得に乗り出す〝帝国主義の時代〟が到来しました。そうしたなかで、オスマン帝国は次第に弱体化していき、第一次世界大戦を経てついに解体されてしまいます。

佐藤　第一次世界大戦がいまだ戦われているさなか、イギリス、フランス、ロシアの列強は、オスマン帝国の分割について協議します。1916年5月のことです。その結果、黒海沿岸の一帯はロシアが、その南にあるアナトリア地方の南部はフランスが、さらにその南方に拡がるシリア南部と南メソポタミアはイギリスがそれぞれ委任統治することが申し合わされます。このとき、問題のパレスチナ地区は、国際的な管理に委ねられる地域とされました。この協議が悪名高い「サイクス・ピコ協定」と呼ばれるものです。

手嶋　まさしく帝国主義の欧州列強による領土の分割ですね。当時のイギリスは七つの海を支配する最大の帝国主義勢力で、イギリス外交も活発そのものでした。第3章でも触れましたが、イギリスはこの「サイクス・ピコ協定」を結ぶ前年の1915年、大英帝国内にいるアラブ民族の指導者に対して一種の〝エサ〟をぶら下げたのです。第一次世界大戦でイギリスが戦っているオスマン帝国に叛旗を翻せば、見返りに独立国家をつくってもいいと持ちかけていたのです。当時のイギリス外交が得意とした策略好きの典型です。

佐藤 これまた悪名高き「フサイン・マクマホン協定」ですね。オスマン帝国の弱体化を早めるため、域内に燻っていたアラブ民族の独立意識をこうして焚きつけたわけです。

手嶋 ここからさらにイギリス外交の策謀が続きます。1917年に「バルフォア宣言」という外交カードを切ります。イギリスの外務大臣、アーサー・バルフォアの名に因んだものです。当時、イギリスの貴族院議員だったユダヤ系の大富豪ウォルター・ロスチャイルドに宛てて書簡を認《したた》め、イギリス政府としては、パレスチナの地にユダヤ人が居住地を建設することを認めていいというものでした。これがどれほど策謀に満ちたものか、いまさら言うまでもないでしょう。当時のイギリスは、アラブ民族に対してはパレスチナに国家を建設していいと持ちかけ、その一方でユダヤ人にも居住区の建設を認めるという二重の手形を切っていたのです。これこそが今日のパレスチナの混迷をつくりだした元凶です。

佐藤 「サイクス・ピコ協定」「フサイン・マクマホン協定」「バルフォア宣言」とまさしく悪名高きイギリスの三枚舌外交が展開された。溜息が出るほど老獪にして悪辣です。

手嶋　日本も日露戦争を戦う戦費を賄うためにユダヤ資本に世話になりましたが、大英帝国も第一次世界大戦の巨額な戦費を賄うためにユダヤ系の大資本家たるロスチャイルド家にすり寄るためにユダヤ国家の建設というカードを切ったと言われています。

ユダヤ人国家を目指すシオニズムの誕生

佐藤　圧倒的多数を占める日本人が日本列島に暮らしている、そういう国に住む者には想像すら難しいかもしれませんが、ユダヤ人は永きにわたって自らの国土を持たず、全世界に離散を余儀なくされました。それゆえ先々で迫害を受けたのでした。ヨーロッパやロシアでナショナリズムが沸き起こるなか、国家を持たない民族の辛酸をなめ尽くした。なんとしても自分たちの国家をと願うシオニズム運動はこうして生まれてきました。

手嶋　20世紀が産んだ特異な政治思想家ハンナ・アーレントは、畢生の大作『全体主義の起源』を亡命先のアメリカで書き上げます。彼女自身がドイツの知的な家庭に生まれたユダヤ人であり、大学でハイデッガーやフッサールら当代最高の師のもとで哲学を学んでいます。しかし、ナチズムが台頭するなかで亡命を余儀なくされ、パリに逃れて無国籍者となります。アーレントは『全体主義の起源』でドレフュス事件に1章を割いて取り上げ、「反ユダヤ主義」の実態について詳しく論じています。

佐藤　ハンナ・アーレントは、ユダヤ人問題を考えるうえで、私も多くの示唆を受けた独創的な思想家です。彼女が隣国フランスに逃れたのは、ナチスが政権に就いた1933年です。それより40年ほど前の1894年、フランス陸軍の砲兵大尉アルフレド・ドレフュスは、ドイツ軍に関するフランス軍内の機密文書を漏洩した疑いで逮捕されます。ドレフュス大尉は、十分な証拠もないまま、ユダヤ人であったため、ドイツのスパイだとされて終身刑となります。いわゆるドレフュス事件です。

手嶋　欧州のユダヤ人に対する差別がどれほど根深いものだったかを物語る歴史的事件ですね。ドレフュス大尉が起訴され収監された後、機密を漏らした真犯人がいた事実が判明するのですが、再審は進まず、無罪判決を勝ち取るまでじつに長い年月を要した冤罪事件として知られています。

佐藤　このドレフュス事件を取材した新聞記者テオドール・ヘルツルは、フランスを蝕んでいたユダヤ人差別の実態を目の当たりにし、ユダヤ人国家の建設を提唱したのでした。それがシオニズム運動の始まりとなりました。ちなみにシオンとは、エルサレムにある丘の名前です。旧約聖書のゼカリヤ書に「わたしは再びシオンに来て、エルサレムの真ん中に住まう」という言葉があります。エルサレムのあるパレスチナこそ、迫害を受け離散したユダヤ人がやがて帰りつく約束の地だというのです。

手嶋　このシオニズム運動は、初めはさして賛同者を集めなかったのですが、1930年代に入ってドイツでナチスが政権の座に就くと一挙にパレスチナへの入植者が増えていきました。

佐藤　欧州で迫害を受けたユダヤ人は、アメリカ大陸に数多く移住していたのですが、共和党のクーリッジ大統領の時代に議会で移民法が成立し、アメリカ合衆国への移住が難しくなったこともあり、多くのユダヤ人がパレスチナを目指すようになりました。

手嶋　そうなれば当然のことながら、パレスチナに暮らしていたイスラム教徒と衝突が起きるようになります。第二次世界大戦の前に、すでに両者の緊張は沸点に達していました。1937年には、パレスチナ・アラブの叛乱が起き、とりわけアラブ人の側に多くの死傷者を出しました。

佐藤　第二次世界大戦が終わると、現地の緊張はむしろ高まっていきます。あのホロコーストを生き残ったユダヤ人たちは、自分たちの国家を求めて、欧州の各地から続々とパレスチナの地を目指し始めます。現地は収拾のつかない内乱状態に陥り、イギリスは統治者としての責任を放棄して、国連に解決を持ち込んだのです。

イスラエル建国とパレスチナの抵抗

手嶋　ドレフュス事件を引き起こしたフランスと共に、イギリスもまた「三枚舌外交」でパレスチナの地に永く混迷を招いた重大な責任を負っています。にもかかわらず、この大国はパレスチナ問題が深刻化するとこの地域を国連の信託統治に委ねて巧みに責任を回避します。もっとも、第二次世界大戦を戦ってその国力を疲弊させた大英帝国は、もはや昔日の力を喪っていたのも事実でした。

佐藤　統治を委任された国連の側もその力量を超えていたのでしょう。１９４７年11月

29日、国連総会でまずパレスチナの分割案が採択されました。これをもって、イギリスの委任統治は終了し、パレスチナとユダヤの二つの国家を作り、エルサレムは特別都市とすることが決議されました。

手嶋　国連の決議とはいえ、彼の地に永く暮らしていたパレスチナの人びとは納得できなかったのでしょう。自分たちが住んでいた所に突然、多くのユダヤ人が移ってきて、別の国家を創るわけですから。しかも、この地域の分割にも問題がありました。新生イスラエルの国家に分け与えられた国土は、パレスチナ人に分割された国土のおよそ2倍でした。

佐藤　たしかに当時の人口比を考えればパレスチナの人たちが納得できないのは無理もありません。ただ、ユダヤ人の入植者が今後増えることを見越しての措置だったようです。こうした背景には、大戦中にナチス・ドイツによって引き起こされたホロコーストを踏まえてユダヤ人国家の建設が必要と、国際社会が考えるようになったこともあったと思います。ナチス・ドイツにとどまらず、ドレフュス事件を引き起こしたフランスや、過酷なユダヤ人迫害が行われたかつてのロシアなど、ヨーロッパ各国はそれぞれに歴史的な負い目を抱えていました。

手嶋　イギリスがパレスチナから撤退すると同時に、イスラエルは新生国家の誕生を宣言します。１９４８年5月14日のことです。世界史の年表では、いまも特大の活字でこの出来事を記しています。それはイスラエル建国を機にこの地域では今日まで大きな戦乱が絶えない出発点になったからでもあるのです。実際にイスラエル建国の翌15日には、アラブ連合軍がパレスチナに侵攻し、第一次中東戦争が勃発します。この時、アラブ側の兵力は総勢15万人、これに対してイスラエル側はわずかに3万人と、アラブ連合軍は数のうえでは圧倒的に優勢でした。しかし、緒戦こそアラブ側に有利に展開したものの、その後はイスラエル軍が反転攻勢に出て有利に戦いを進めました。

佐藤　15万人対3万人でしょう。通常なら、アラブ側の圧勝のはずです。しかも、イスラエル側は当時国連によって軍備が制限されていたため、正規軍はおらず、国家として武器の保有すら禁じられていました。3万人は基本的に民兵組織でした。誕生間もない自分たちの国家を何としても守り抜くという気持ちがよほど強かったのだと思います。前線の兵士一人ひとりが善戦し、翌6月の一時停戦まで何とか持ちこたえたのです。ソ連がチェコスロヴァキアを通じてイスラエルを軍事的に支援したことも無視できない要因です。

手嶋　イスラエルの独立戦争は、高い士気に支えられた前線部隊の勇戦だけでなく、質の高いインテリジェンスの戦いによっても支えられていました。イスラエル独立を率いたベン＝グリオンは、初代首相兼国防相の座に就くのですが、何年も前からアラブ側に情報ネットワークを張り巡らしており、建国の3日前にはアラブ連合軍がイスラエル攻撃を決定したという極秘情報を入手していました。国家が生き残るために精査され、分析され抜いた情報こそ〝インテリジェンス〟だということを比類なき簡潔さで示した事例でした。

佐藤　まさしく新生国家のインテリジェンス・マスターだったベン＝グリオンは、独立戦争の教訓から、イスラエルに軍の諜報局「アマン」、域内の治安を担う「シン・ベト」さらには後に「モサド」となる諜報特務庁の三つのインテリジェンス機関を創設しました。そして、イスラエル国家の〝長い耳〟に育てたのです。

手嶋　2000年前、ローマ帝国に神殿を焼かれて、父祖の地を後にしたイスラエルの民は、筆舌に尽くし難い苦難の末、ついにユダヤ民族にとって約束の地であるカナンに帰り着いたのでした。しかし、それにはあまりにも大きな犠牲をパレスチナの地にもたらした事実も忘れてはなりません。

佐藤 第一次中東戦争が終わってみれば、パレスチナの多くをイスラエル側が制圧したのでした。パレスチナ側は、ガザ地区をエジプトが実効支配し、あとはヨルダン川の西岸もエルサレムまで押し込まれ、かろうじてヨルダン軍が残っていた地域がヨルダン・ハシミテ王国になったにすぎません。

手嶋 この戦乱でパレスチナに住んでいたアラブ人の半分に当たる75万人もの人たちが難民となってしまいます。

佐藤 その後、ガザ地区やヨルダン川西岸地区に多くのアラブ人の難民がなだれ込み、各地で難民キャンプが生まれることになりました。そして、この難民キャンプこそ、イスラエルを標的としたテロリズムを生む揺籃の地になっていきます。

手嶋 イスラエルのユダヤ人にとって、パレスチナの地は、2000年前の「出エジプト」以来、望郷の思いが詰まった土地でしたが、パレスチナの人たちも永く住み暮らしてきた父祖の地に他なりません。互いに譲ることができない土地なのです。それゆえに、第一次中東戦争で戦火は収まらず、じつに、１９７３年の第四次中東戦争まで、四次にわたる戦争が繰り返されることになります。

第一次世界大戦後のアラブ諸国の歴史

手嶋　パレスチナとイスラエルの因縁の歴史を見てきましたが、周辺のアラブ諸国の歴史も第一次世界大戦後を中心に押さえておきたいと思います。

佐藤　イスラエルとパレスチナから上がった戦火が、周辺の中東地域にも及び始めていますから、中東の情勢を歴史的な視点を交えて見ておくことは重要だと思います。第一次世界大戦の後、オスマン帝国が崩壊し、アラブ諸国は次々に独立に向けて動き出しました。

手嶋　戦間期の中東政局を眺める時、カギを握っていた国はやはりロシア、フランス、イギリス、さらにはアメリカということになります。

佐藤　なかでも重要なのは、やはりイギリスでしょう。イギリスは早くからこの地域の権益を欲しがっていました。大英帝国の経営にとって、文字通り命綱はインドを植民地として確保しておくことでした。インドから綿花や農産物を積んで、地中海に抜けるには紅海からスエズ運河を通るのが一番の近道です。スエズ運河は、当時のイギリスにとって何としても確保しておかなければならない戦略上の一大要衝でした。

手嶋　スエズ運河は１８６９年に開通しています（地図75頁）。当時はオスマン帝国領でしたがイギリスとしてはこの利権を確保したいと虎視眈々と狙っていました。当時、オスマン帝国のエジプト総督府が、財政難に苦しんでスエズ運河の株式を手放したのをイギリスは目ざとく買い占め、スエズ運河の筆頭株主の座を手に入れたのです。

佐藤　イギリスは、紳士の国ということになっていますが、なかなかに抜け目がない。イギリスはスエズ運河に軍隊を派遣し、エジプト総督と手を結んで、オスマン帝国の支配に対抗しようと試みます。そして第一次世界大戦でオスマン帝国が敗れ、１９２２年にエジプトが独立しても、イギリスは軍隊を駐留させ続けて、この地を間接的な支配下に置いたのでした。

手嶋　いっぽうイギリスは地中海からペルシャ湾に抜けるルートも考えていました。現在のヨルダンやイラクの方面です。大英帝国の戦略としては、オスマン帝国の力を弱体化するためと、この一帯に勢力を伸ばすため、メッカにいるハーシム家にすり寄っていきます。このハーシム家こそ預言者ムハンマドの血を引く名家で、イスラム世界では飛び抜けた存在です。イギリス政府は、エジプトを担当していたイギリス外交官マクマホンをハーシム家の太守フサイン・イブン・アリーのもとに派遣します。そしてイギリスが軍事援助をする用意があると伝えて、オスマン帝国に叛乱を企てるよう持ちかけたのでした。

佐藤　オスマン帝国を破った暁には、太守フサイン・イブン・アリーがアラブの支配者になればいいと囁きます。これが「フサイン・マクマホン協定」です。

手嶋　イギリス外交の手口がここにも表れています。自分は直接手を汚さない。その一方で第三者同士を争わせて陰で巧みに操る。老獪そのものです。ハーシム家はオスマン帝国に叛乱の狼煙《のろし》を上げるのですが、強大なオスマン帝国軍を前に全く歯が立たない。そこに登場したのが、かの〝アラビアのロレンス〟でした。考古学者でアラブ通のトーマス・ロレンスをイギリス陸軍の将校としてフサインのもとに送り込んだのでした。〝アラビアのロレンス〟が、アラビア風の白い衣装でラクダに乗り、ベドウィンの部隊を率いて白い沙漠を横断して、紅海に臨むトルコ軍の港町アカバを攻略した逸話は、デヴィッド・リーン監督の映画のクライマックスにもなり、あまりにも有名です。

佐藤 ハーシム家としては、イギリスが広大なアラブの土地を与えると約束しておきながら、一方ではフランス、ロシアとサイクス・ピコ協定を結んで、オスマン帝国の分割を勝手に決めていたことに気づき、イギリスへの不信を募らせていきます。

手嶋 問題のサイクス・ピコの秘密協定は、ロシアが第一次世界大戦から離脱して、革命政権がリークしたことから明るみに出たと言われています。戦争の成り行きで、大国間の極秘事項が暴露されてしまう事例です。

アラビア半島を統治したイブン・サウード

佐藤 ここにもう一人、重要人物が登場します。サウード家のイブン・サウードです。

こちらは家柄的にはさほどでもないのですが、アラビア半島一帯に大きな勢力をもつ地方豪族の雄でした。ちなみにムハンマドの血筋を重視する人びとはシーア派に属しています。いっぽう血筋と家柄ではなく、ムハンマドの教えであるコーランとハディース（ムハンマドの言行録）で展開される言説を基準にしているのがスンニ派です。

手嶋　このサウード家こそ、ムハンマドの直系ではないものの、コーランの教えを忠実に守るスンニ派に属しています。アラブの盟主は我らなりとして、サウード家のイブン・サウードが挙兵し聖地メッカに攻め込みます。

佐藤　その結果、ハーシム家のフサイン・イブン・アリーはイギリス軍艦に乗ってキプロス島に逃れます。そしてイギリスは、その次男アブドラ王子にサイクス・ピコ協定に従って得たトランスヨルダンを与えたのです。また、三男のファイサルに現在のイラク一帯を与えます。とはいえ、いずれの領地にもイギリス軍が駐留することを条件としました。端的に言って、イギリスの傀儡政権だったのです。

手嶋　その結果、南のアラビア半島一帯は、イブン・サウードが王としてそのまま支配することになり、これが現在のサウジアラビア王国です。

佐藤　ちなみにイラクではその後革命が起きハーシム家は倒されますが、ヨルダンは今もヨルダン・ハシミテ王国として残っています。

手嶋　ヨルダン王国は有力な産油国ではないものの、由緒あるイスラムの家系で、先にも説明したように、イスラエルと国境を接しているため、地政学的には極めて重要な要衝に位置しています。いずれにしても、この一帯のアラブ諸国の国境線は、当時の英仏露の列強が自分たちの都合で恣意的に引いたものであることがわかると思います。クウエート、バーレーン、オマーン、アラブ首長国連邦などの小さな国家はすべてそうして誕生しています。

佐藤　まさしく戦間期の１９２０年代は激動の時代でした。帝国主義列強の植民地政策は次第に行き詰まりを見せ、それに呼応してアラブ・ナショナリズムが台頭して、中東全域に緊張が高まっていきました。その一つがパレスチナ問題であり、それがいまに至るまで尾を引いているのです。

手嶋　その意味で20世紀の中東の歴史を正確に知っておかなければ、いまのパレスチナ問題の核心を読み解くことはかなわないと思います。

パレスチナの解放を目指したＰＬＯの弱体化

佐藤　イスラエルとの過酷な戦いと対立のなかで、パレスチナのアラブ系の住民たちは、次第に自分たちのアイデンティティを形作っていきました。それが具体的な形をとって現れ、１９６４年に誕生したのがパレスチナ解放機構（ＰＬＯ）でした。

手嶋　それまでのように、周辺のイスラム諸国に頼るのではなく、わが土地は自らの手で守るという意思表示ですね。ＰＬＯは、１９６０年代末あたりから、武装ゲリラとしての様相を深め、テロ攻撃が次第に活発化していきます。

佐藤　ＰＬＯは、テロという手段を駆使し、イスラエルだけでなく世界を震撼させる。それを通じて、〝パレスチナ問題ここにあり〟と強烈なアピールを発したのです。ちなみにテロとは「テロル」というドイツ語から来ています。直訳すると「恐怖」とか「畏怖」という意味です。そこから派生して、相手に恐怖の感情を植え付け、自らの政治的目標を達成しようとするのです。

手嶋　まさしく〝テロル〟の狙いは、ターゲットを過剰に反応させることにある。それがテロルを企てる側の狙いなのです。

佐藤　過剰に恐れ戦《おのの》かせ、社会の不安を煽る。一時、世界各地にはびこった「イスラム国」（ＩＳ）はまさしくその典型です。人質を残酷なやり方で殺害する。そのシーンをあえて撮影し、映像を全世界に流す。それによって人びとに言い知れぬ恐怖心を植え付けたのです。今回のハマスの攻撃にもＩＳとよく似たやり口を感じます。

手嶋　恐怖心を梃《てこ》にして、最小限の力で社会を動かす。その意味で、テロルは既存の政治権力や軍事力を持たない組織が行う非常の手段だと考えられがちです。テロルの本来の意味は恐怖政治を意味していますから、権力者による圧政とか弾圧もテロリズムの一種だと思います。一時期はテロ活動で世に恐れられたＰＬＯでしたが、その後は随分と変質していきましたね。

佐藤　ＰＬＯは、最初はヨルダンに拠点を置いていたのですが、やがてヨルダンを追い出されて、レバノンに拠点を移しました。そうしたなかで、イスラエル軍はレバノンを急襲します。１９８２年６月のことです。首都ベイルートには激しい爆撃が加えられ、

ＰＬＯはチュニジアのチュニスに本拠を移しました。結局、武装闘争を断念せざるを得なくなります。

手嶋　これより前の１９７８年９月、イスラエルはエジプトと国交を樹立し、中東の地に新たな和平をもたらしました。エジプトのサダト大統領がイスラエルのベギン首相とアメリカ大統領の保養地キャンプ・デービッド山荘で、カーター大統領の立ち会いのもと、堅い握手を交わしたのです。エジプトはイスラエルを承認し、イスラエルは占領していたシナイ半島を返還し、パレスチナ人の自治区について協議を進めることで合意しました。

佐藤　エジプトはイスラエルとの軍事衝突で財政が逼迫していましたから、アメリカの仲介を受け入れることで、アメリカからの経済援助にも期待したのでしょう。イスラエルもまた南の国境を接するエジプトと和平協定を交わすことで、北のレバノンにいるＰＬＯに安んじて標的を絞ることができるという思惑もあったと思います。

手嶋　イスラエルの狙いはまさしくその通りになり、レバノン攻略に的を絞ることができたのでしょう。しかし、イスラエルのレバノン侵攻には、国際社会の反応は厳しいものがありました。死者は約2万人、家を失った人は60万人にも上ったからです。

佐藤　イスラエル国内でも強引な作戦に非難が巻き起こり、ベギン首相とシャロン国防相は結局辞任に追い込まれます。

手嶋　一方で、PLOはこの攻撃で勢いを失っていきました。これを境に武闘派組織としての活動は下火になっていきました。

佐藤　これからは武力闘争ではなく外交的な手段で自分たちの立場を築き上げようと路線を転換します。そこで代わって前面に出て来たのがイスラム原理主義のハマスです。PLO主流派のファタハが武力闘争の力を弱めたのに対して、ハマスは徹底した闘争を通じてイスラム国家の樹立を目指します。

第一次インティファーダとハマスの誕生

手嶋　1987年12月にガザ地区で住民が一斉蜂起しました。これが第一次インティファーダでした。石を投げ、イスラエル軍に群衆が対峙する。これまでとは異なるパレスチナ民衆の抵抗でした。この闘争のなかから生まれたのがハマスでした。

佐藤　武器を持たない民衆に完全武装の兵士が銃口を向ける。イスラエルは国際社会から烈しい非難を受けることになりました。民衆を巻き込んで戦う。それがハマスの戦略でもあったのです。今回の戦いでも、ハマスは病院や学校を隠れ蓑にしているとイスラエルは弾劾しますが、こうしたハマスの戦いぶりは、第一次インティファーダにその原型を見ることができます。

手嶋　パレスチナは弱者であり、イスラエルは強者の抑圧者だ。こうした構図を国際社会に植え付けて、イスラエルのイメージを貶める。これがハマスの計算し尽くした戦略なのでしょう。しかし、いつの戦いでも最大の被害者はパレスチナの民衆であることに変わりはありません。

佐藤　こうした負の連鎖を断ち切るには、イスラエルとパレスチナの〝二国家共存〟しかないというリアリズムが強くなりました。かつて武力闘争に走ったＰＬＯはいま穏健化して共存路線に転換しました。イスラエル軍がヨルダン川西岸地区とガザ地区から撤退し、パレスチナ人による暫定的な自治を推進する――。二つの国が共存する和平案がノルウェーによって提案され、1993年9月、イスラエルとパレスチナがこの案を受け入れます。これが何度も出てくる「オスロ合意」でした。

手嶋 前の章でも詳しくみたように、周囲の状況を無視して結果を急いだ「オスロ合意」は、その後、大きな混乱を招いてしまいます。1996年、PLOのアラファト議長が暫定自治政府の議長に選ばれ、同時にパレスチナ自治評議会選挙ではPLO主流派のファタハが勝利します。しかし、穏健な体制派に変わったPLOを激しく非難したのがハマスでした。

佐藤 ハマスにとっては、「オスロ合意」は、パレスチナ民衆の願いを顧みない、偽りの合意と映ったのでしょう。ハマスはイスラエルの存在を断固として認めず、イスラム国家の樹立を目指して直接行動に走ります。それと並行して、ハマスはガザ地区で慈善活動や医療に熱心に取り組み、次第に一般民衆の支持を集めていきました。

ハマスの選挙勝利と分離壁の出現

佐藤　イスラエルとハマスの戦いはいま一層激しさを増しています。そして、われわれが再三にわたって指摘したように、現下の戦いはガザ地区に留まらず、周辺地域にも広がる様相を濃くしています。2024年2月、アメリカが本国から長距離戦略爆撃機B1を発進させて、シリアやイラクにある親イラン武装組織の基地に報復の空爆を敢行しています。

手嶋　その一方で〝天井なき牢獄〟と呼ばれるガザ地区は、鉄の分離壁の内部でイスラエルの特殊部隊が猛攻を加えていますので、鉄の鍋のなかで炎が真っ赤に燃え盛っていると形容することもできるでしょう。第一次インティファーダを機に始まった騒乱はここに至ったと言えそうです。

佐藤　2000年にイスラエルのリクード党の党首だったシャロンが、エルサレムのイスラム教の聖地に足を踏み入れて、第二次インティファーダの火の手が上がり、悲惨な自爆テロはますます横行するようになりました。

手嶋　ハマスはこの戦いをジハード＝聖戦と呼び、この戦いによって命を失った者は、あの世で永遠の生命を得ると説きます。女性や若者が体にダイナマイトを括りつけて自爆するという光景は、世界に衝撃を与えました。

佐藤　ただ、本来のジハードの意味は少し違っています。ジハードとは本来は「奮闘努力する」という意味であり、自分の内面の悪と戦い、社会的な公正のために努めることを意味していました。これを「大ジハード」と呼びます。自分たちの宗教共同体に攻撃を加える者と戦う意味でのジハードは「小ジハード」と呼ばれます。

手嶋　自己との戦いがジハードの本義だったのですね。テロ首謀者たちが自爆テロを正当化するために〝ジハード〟という言葉を使ったのでしょう。

佐藤　ただ、この自爆テロにはイスラエルも手を焼きました。一般住民の姿をして街を行き来しながら、突然、自爆テロに及ぶのですから。困り果てたイスラエル側は、ガザ地区を鋼鉄の分離壁で囲むという手段に訴えたのです。

手嶋　ガザの分離壁自体はガザ地区の人びとに物理的にも精神的にも凄まじい圧迫感を与えることになりました。国際的にも激しい非難を浴びることになります。２００３年10月には国連は分離壁の建設中止と即時撤去を求める決議が採択されました。また国際司法裁判所（ＩＣＪ）は２００４年7月、分離壁の撤廃を勧告しています。しかし、イスラエルはそれを無視して分離壁の建設を強行したのでした。

佐藤　イスラム原理主義者たちが自爆テロという手段を取り続ける以上、致し方のない措置だったと思います。実際、分離壁によってイスラエルにおける自爆テロの発生件数は建設を始める前の2割以下に減ったという数字があります。もはや物理的に遮断する以外に、自爆テロの恐怖と危険から国民を守ることができないとイスラエルは考えたのです。

手嶋　ちょうどその頃、2004年11月に突然体調を崩して入院していたPLOのアラファト議長が亡くなります。

佐藤　確かその後、体内から大量のヒ素が検出されたという話がありましたが、真実は定かではありません。

手嶋　後任の議長になったのがPLOの幹部を長く務めていたマフムード・アッバースです。彼はアラファトのような武闘派とは一味違って、インテリで歴史学の博士号を持っていました。

佐藤　ソ連のパトリス・ルムンバ名称民族友好大学大学院で、なんとユダヤ史を専攻しているんですよ。ですからイスラエル人の考え方や行動原則をよく理解しています。ヘブライ語も堪能です。

手嶋　ただし、そのアッバース議長のイスラエルとの平和共存路線には、ハマスなどイスラム原理主義者たちは強く反発しました。

佐藤　アッバース議長は穏健派だといわれますが、その人となりから判断すると、必要に応じてかなり過激な行動をとることもできる芯の強い人だと思います。第二次インティファーダの際にただ一人、アッバース氏だけがテロに批判的な立場を取りましたから。アラファト議長や他の幹部たちは黙認するのですが、断固としてテロに反対するのは、命がけの行動だったと思います。

手嶋　たしかにそうなのですが、それだけに、パレスチナ側にはアッバースという人をイスラエルに妥協する裏切り者だと見る人も少なくありませんでした。

佐藤　パレスチナの民衆のなかには、ファタハはイスラエルに籠絡され、堕落してしまったという批判が高まりました。

手嶋　これが一つのきっかけとなり、パレスチナの局面は大きく変わっていきます。第

2回のパレスチナ自治評議会選挙が2006年に行われ、大方の予想を裏切ってハマスが過半数を制します。当初は、ファタハと組んで連立政権を発足させますが、その後、両者の対立が次第に激しくなり、2007年にはヨルダン川西岸地区はファタハが、ガザ地区はハマスが実効支配するようになります。パレスチナ自治区は、ガザのハマスとヨルダン川西岸のファタハに二分されてしまったのです。

佐藤　それを機にイスラエルはガザ地区の分離政策を徹底するようになります。ガザ地区への物資の搬出入を厳格に管理し、電気の供給も統制を強めます。イスラエルに対するテロを厳しく取り締まる狙いで、ハマスが武器などを蓄えないよう目を光らせてきました。

手嶋　その結果、ガザ地区は世界有数の貧困地域になってしまいました。国連の支援でかろうじて命脈を保ってきましたが、ハマスのイスラエルに対する奇襲のあとは、ガザの「天井なき牢獄」の上から砲弾やロケットが降り注いでくる、この世の煉獄と化しています。

佐藤　ハマスに対する攻撃は、大規模なものに限っても、過去4度起きています。20

08年12月、2012年11月、2014年7月、そして2021年5月です。とりわけ激しかったのは3回目の2014年の攻撃です。51日間に及んだ対ハマス掃討作戦では、イスラエルの地上部隊も投入され、パレスチナ側の死者は2000人を超えました。

手嶋　これらの掃討作戦が、今回、ハマスを奇襲攻撃に駆り立てた伏線と言えそうですね。そして、イスラエル軍の「100倍返し」へとつながっていきました。

佐藤　まさしく怨嗟の連鎖です。その負の連環を国連はもとよりエジプトやトルコも止められずにいます。中東地域にネガティブな歴史を持っていない東アジアの経済大国の日本などは潜在的な調停者になりうると思います。

手嶋　私もそう思います。これについては章を改めて詳しく論じたいと思います。

第5章
近づく
第三次世界大戦の足音

シリアやレバノンのヒズボラがカギを握るのか

手嶋　パレスチナ自治区のガザ地区の現状は、どんなに言葉を尽くしても言い表せないほど悲惨です。いまこうしている間も、ハマスとイスラエルは停戦に向けて交渉は続けてはいるものの互いの不信感は拭い難い。この先、犠牲者がどれだけ出るのかわかりません。ただ、われわれの懸念は決してガザ地区に限らない。

佐藤　そう、私がとりわけ注視をしているのが、イスラエル北部と国境を接するレバノン、さらにはシリアとの国境沿いです。

手嶋　いずれの地域も、親イランの武装組織にしてシーア派のヒズボラが、軍事拠点として展開している地帯ですね。しかも、その軍事力はハマスの比ではありません。

佐藤　ともすればガザ地区でのイスラエルとハマスの軍事衝突に目が行きがちです。しかし、イスラエル軍は遅かれ早かれ武装集団としてのハマスを中立化させるでしょう。イスラエルの戦力からすれば疑いない。それより、私がもっとも心配しているのは、今回のイスラエルの軍事行動が、ヒズボラとの戦いに発展してしまうことです。ネタニヤフ首相は作戦が始まると早々に「ハマスとヒズボラの二正面作戦の準備はできている」と述べました。ヒズボラの動きを牽制する必要があったからでしょう。

手嶋　武装集団ヒズボラは、シーア派に属する急進的なイスラム原理主義組織です。レバノンを拠点に活動をしています。1982年のレバノン内戦でイスラエル軍に抗って生まれたのです。当初からイランから資金的、軍事的支援を受け、イラン革命防衛隊の訓練を受けています。

佐藤　ヒズボラの目的は、欧米とイスラエルによる政治、経済、社会、文化などすべての面での影響から、イスラム教徒を解き放つことです。具体的には、イスラエルの影響力をまずレバノンから排除し、さらにはイスラエルをパレスチナから抹消することを狙っています。

手嶋　ハマスと同じく、ヒズボラは軍事組織であり、同時に政治組織です。病院や学校、福祉ネットワークを持っていることでも似ています。2018年の議会選挙では実に128議席中71議席を獲得して過半数を超える最大勢力となりました。貧困層からの強い支持を得ている点でもハマスと瓜二つです。

スンニ派とシーア派は「OSが違う」

手嶋 ところが、〝ハマスはスンニ派〟、これに対して〝ヒズボラはシーア派〟です。ここは宗教学者でもある佐藤優さんの独擅場です。この違いがいまの情勢下でどんな意味を持っていると考えますか。常の専門家なら、宗派が違うのでは、互いの連携はさほど強くならないと読み解くところですが――。

佐藤 いや、むしろ、宗派が異なるからこそ、互いに思う存分協力できる余地があるんです。ヒズボラがハマスに協力し、ハマスが大きな力を持っても、自分たちの社会にはほとんど影響を及ぼさないからです。

手嶋 ハマスもヒズボラも、単なる武装組織ではない、それぞれのコミュニティに深く浸透し、医療や教育など暮らしのあらゆる分野に関わっているとわれわれは指摘してきました。そうした日々の生活の礎《いしずえ》には宗教が息づいています。それゆえ、宗派が違うため、暮らしの深いところでは本質的な影響は受けないという訳ですね。

佐藤　その通りです。ちょうど、基本ソフトであるOSと応用のアプリとの関係を考えればわかりやすいと思います。ハマスはスンニ派という信徒を数多く擁する宗派の社会で役立つアプリです。一方、ヒズボラはシーア派という比較的少数派の社会で働くアプリなんです。

手嶋　なるほど、OSという基本ソフトが異なるため、互いの社会、さらには政治、国家体制にはさほど影響を及ぼさない。その安心感がハマスとヒズボラの協力を担保しているというのですね。

佐藤　その通りです。逆に言えば、基本ソフトのOSが同じスンニ派のエジプト、ヨルダン、サウジアラビアなどの国々は、ハマス的な勢力が力を持つことを本心から恐れているという訳です。ハマスはバリバリのスンニ派イスラム原理主義ですから。腐敗した王政も軍事政権も打倒するというのが彼らの基本姿勢です。

手嶋　同じスンニ派なら自分たちの支配体制に跳ね返ってくる恐れがある。なるほど。その点、イランが背後にいるとしても、シーア派なら異なる宗派ゆえに政治的な影響をあまり受けないと安心しているのですね。

佐藤　そう、スンニ派とシーア派は、相思相愛の関係じゃない。むしろ、敵の敵は味方というのに近いかもしれません。互いに共通の敵であるイスラエルの打倒を目指していることで一致しているんです。

手嶋　理念も実態も、佐藤さんの表現を借りるなら、ＯＳもアプリも完全に一致しているのがイランとヒズボラです。

佐藤　一心同体と言っていい。ですから、イランがひとたびイスラエルと戦うと決意すれば、ヒズボラは直ちにイスラエルに攻撃を仕掛けるでしょう。逆にイランがいまは本格的な戦争をしないと判断するなら、ヒズボラが単独で勝手にイスラエルを攻める可能性は少ないでしょう。

小競り合いが続くイスラエルとヒズボラ

手嶋　いまの時点では、親イラン武装組織の対イスラエル戦争が、中東全域に燃えさかっているという情勢ではありません。しかし、2023年10月7日の朝、ハマスが奇襲攻撃に出て以来、イスラエルの北で国境を接するレバノンでは、イスラエル軍とヒズボラの部隊が小規模な衝突を繰り返しています。いま〝小規模な〟と言いましたが、2024年2月上旬までにイスラエルがレバノン南部のヒズボラを標的に加えた攻撃はじつに3400か所以上にも及んでいます。

佐藤　イスラエルを取り巻く環境がどれほど苛烈か窺えますね。ヒズボラの方も2月上旬までイスラエルに対して少なくとも8回の攻撃を仕掛けたと言われます。その中にはイスラエル国境を越えた攻撃も含まれます。

手嶋　戦いは何かの弾みで全面戦争に発展してしまう。当事者は大がかりな戦闘を構えるつもりがなくても、結果として全面戦争になった例は珍しくありません。

佐藤　ヒズボラはハマスの数十倍もの兵力を蓄えています。民兵組織レベルの軍事能力しかないハマスと違い、最新兵器で武装しています。イスラエルは二正面作戦の備えは整っていると言っていますが、ヒズボラが本格的な軍事行動に出れば、イスラエル軍もかなり苦しい戦いを強いられるはずです。

手嶋　ですから、イスラエルとしてはできるだけ早くガザでの戦闘を終了したい。ネタニヤフとしては、３月10日のイスラム教のラマダンが始まる前にガザ地区南端のラファの攻撃を終えるように指示しているようですが、果たして思惑通りに進むか疑問です。

佐藤　もうこれ以上時間的な猶予は持てないのでしょう。イスラエルの人口９７４万人、このうちすでに10万人の将兵が軍に参加していて、予備役も35万人が召集されています。ただ、この戦力ではガザとイスラエル北部の二正面の戦いで圧勝することは難しい。ガザの作戦を一刻も早く終え、イスラエル北部に兵力を回したいはずです。多くの国民が兵役に取られていますから、経済への支障も出ています。イスラエル国内の経済状況を考えれば、ガザでの作戦は早急に切り上げたいのでしょう。

ヒズボラと戦争になれば核戦争が近づくか

手嶋　ヒズボラの側も、イスラエルの苦しい事情は十分計算に入れているはずですから、ラマダン前の侵攻も、シナリオの一つとして想定していると思います。

佐藤　あっては欲しくないシナリオですが、やはり最悪の事態は想定しておくべきです。イランの思いは、イスラエルを地図上から抹消することにありますから、ラファで大量に住民が殺されていれば、戦争を仕掛ける可能性もゼロではない。

手嶋　ラファ作戦が終了すれば一気に北部にイスラエル軍を集中させることができるようになる、ヒズボラはその前に動くこともあり得ますね。

佐藤　ええ、ハマスとヒズボラが連携してイスラエル北部でイスラエル軍と全面対決すれば、事態は一気に深刻になるでしょう。

手嶋　われわれが当初からもっとも危惧していたシナリオですね。ネタニヤフ首相が危険な選択をする可能性は排除できません。

佐藤　何度も言いますが、イスラエルは核兵器を保有しています。ガザの戦闘でイスラエルが通常弾を撃ち尽くし、そこに北の国境からヒズボラが侵攻してきたらどうするか。通常弾は底をついても、自分たちにはもっと強力な武器があるじゃないかと――これが最悪のシナリオです。

手嶋　イスラエルが小型核兵器を使う誘惑に駆られてしまう。ヒロシマ・ナガサキ以降、人類は核のボタンに手をかけることを躊躇《ためら》ってきました。ネタニヤフ首相といえども、核の使用は躊躇うはずです。

佐藤　そこで〝マッドマン〟の要素が浮上します。人間は理性だけで判断し、行動するとは限らない。ネタニヤフの内在的論理から、ある閾値《いきち》を越えたら、核のタブーを犯してでも、イスラエルの正義を貫くという選択をしないとも限らない。

手嶋　そんな事態を誰よりも恐れているのがアメリカです。だからこそ、イスラエルが〝悪魔の選択〟に踏み込まないよう水面下で懸命に動いている節があります。ハマスが奇襲に出た10月7日の直後、アメリカは空母打撃群二つを地中海に急派しています。これは明らかにレバノンに展開するヒズボラの動きを牽制するのが主な狙いでした。

佐藤　私もそう思います。ヒズボラが何か変な動きをすれば、空母から一気にヒズボラを叩くぞという強烈なメッセージです。この脅しというか、抑止は、かなり効き目があったと思います。

手嶋　イスラエルは、ガザのハマスへの報復攻撃とほぼ同時に、シリアの親イラン武装派の拠点も空爆する予定だったようです。アメリカがそれだけは絶対に許さなかった。

何かあれば、アメリカがイスラエルに代わってやる。だから、いまは自制すべきだと諫めたのでしょう。

佐藤　その通りだと思います。イスラエルがレバノンのヒズボラを叩けば、シーア派イランを大いに刺激してしまいますから。その意味で二つの空母打撃群はイスラエルへの牽制でもあったと見るべきです。

イエメンのフーシ派もイランがバックに

手嶋　佐藤さん、危険な動きを見せているのはヒズボラだけではなく、イエメンを拠点とするフーシ派もそうです。

佐藤　イエメン北部のイスラム教シーア派の一派による宗教運動が発展して、現在のフーシ派となりました。でも、これはフーシ派以外の人間が用いる他称なんです。正式な名称は「アンサール・アッラー」です。シーア派で、アメリカとイスラエルを敵対視し、パレスチナからイスラエルを抹消する。これはヒズボラと変わりません。

手嶋　イランの強力な支援によって成り立っていることも共通しています。反政府勢力としてイエメンの政府軍と泥沼の戦闘を続けつつ、いまや首都サヌアを含む北西部を実効支配しています。今回のガザのハマスとイスラエルの紛争が起きると、イスラエルに関係する船舶への攻撃を行うと表明し、それを実行しました。

佐藤　紅海は細長い形をしています。このうち、イエメンが紅海に面しているバブ・エル・マンデブ海峡の嘆きの門は特に幅が狭く、わずか30キロほどしかない。船舶を攻撃するにはこれほどうってつけの海域はありませんよ。フーシ派は対艦ミサイルを発射したりヘリコプターやボートで武装集団が船舶に乗り込んで拿捕したりするといった攻撃を繰り返している。フーシ派のトップであるアブドルマリク・フーシは、イスラエルのガザへの攻撃が続けば、より強硬な行動にエスカレートさせると表明しています。

手嶋　ガザの戦闘と明らかに連動しているわけですね。これに対して、アメリカやイギリスは、イエメンのフーシ派の軍事拠点に空爆を行う共同作戦に打ってでました。ただ、こちらも戦闘が激しくなれば、イラン本体が直接の戦闘に乗り出してくる可能性があります。

ミネルヴァの梟は夕暮れに飛び立つ

佐藤　手嶋さん、2023年来のイスラエルとハマスの対決、さらにはヒズボラやフーシ派の動きを見ていると、なんだかイヤーな感じがしてきます。どうやら時代はどんどん悪い方に流れている感じがします。

手嶋　おや、佐藤さんが、感情を滲ませた言葉を口にするのは珍しい。聞き捨てなりません。はじめは地域的な、限定的な争いに見えるものが、気がついてみるともはや手に負えない火勢になっている。第二次世界大戦も、ドイツのポーランド侵攻の前から、様々なところに予兆があったにもかかわらず、当時は知識人を含めて前触れの微動地震に鈍感でした。耳を澄ませば危機の足音は聞こえていたはずなのに――。現下の中東危機も、遥か前から胚胎していたと気づくべきでした。

佐藤　かつての太平洋戦争にしても、歴史の教科書には1941年12月8日に日本海軍が真珠湾を攻撃して始まったと記されています。後からみれば、はるか以前から始まっていたと考えることができるわけです。

手嶋　日中戦争が英米の連合軍との対決に日本を導いていったことを考えれば、盧溝橋事件、張鼓峰事件、ノモンハン事件、さらにもっと遡って満州事変が、対英米戦の起点ともいえると思います。

佐藤　ウクライナ・ロシア戦争も、現下の戦いは「第二次戦」で、第一次ウクライナ・ロシア戦争は、ロシア軍が２０１４年にクリミア半島を電撃的に攻略した戦いです。歴史というものは後になって、あぁ、あの時が転換点だったとわかるものなのです。

手嶋　２０１４年のクリミア侵攻と併合で、ロシアはウクライナと決定的な対決路線に舵を切りました。そして２０２２年2月24日に至って、ウクライナ東部のドネツク、ルガンスク両州への侵攻につながっていきました。

佐藤　「ミネルヴァの梟《ふくろう》は夕暮れに飛び立つ」。ヘーゲルの『法の哲学』の序文末尾にある有名な言葉です。梟とは、ミネルヴァ、つまり学問、哲学の神様の化身だとされています。その梟は、一日が終わる夕暮れに巣から飛び立つということは、錯綜した現実の出来事は、終焉期になってから漸くしてその全体像が見えてくるということなのです。

裏返して言うと、現在進行中の出来事については事柄の本質がなかなか摑めないということです。

手嶋　たしかに、事柄の渦中に身を置く者ほど周りの情勢がわからないことがあります。時間が経って初めてその意味が理解できる。

佐藤　ロシアのクリミア併合も今となってはウクライナ東部への本格的な侵攻の序章だったとわかる。太平洋戦争も満州事変がその序章であったように。

手嶋　現下の中東情勢をみていますと、これが第五次中東戦争に留まらない。すでに第三次世界大戦の入り口に差しかかっているのかもしれません。

佐藤　エリック・ホブズボームは、イギリスの有名な歴史学者なのですが、彼は、第一次世界大戦と第二次世界大戦は分けない方がいいと指摘しています。〝20世紀の31年戦争〟と考えるべきだというのです。たしかに、第一次世界大戦でドイツ帝国、オーストリア＝ハンガリー帝国、それにオスマン帝国が敗れて、その敗戦のなかからナチス・ドイツが生まれて、第二次世界大戦に至った。二つの世界大戦を相互の関連性、連続性のなかで捉えるべきだと指摘しています。

インテリジェンスは未来を射抜く

手嶋　2022年が幕を開けた時には、第二次ロシア・ウクライナ戦争も、イスラエル・ハマス戦争も、起きてはいませんでした。しかし、世界が平和だったわけではありません。ウクライナ東部の一部は、親ロシア派武装組織の支配下にあった。クリミア半島は2014年の第一次ロシア・ウクライナ戦争ですでにロシア側の手に落ちていました。〝ミネルヴァの梟〟ですら、夕暮れを待つのですから、われわれには歴史の実相を神の如く見通すことなど到底かないません。しかし、眼前の出来事をつなげて、やがて世界を覆うかもしれない危機に思いを巡らすことはできるかもしれない。夕暮れを待たずに飛び立ち、警鐘を鳴らす努力はしてみたいと思います。

佐藤　〝近未来をぴたりと言い当てる〟。これこそがインテリジェンスの業に携わる者の責務です。手嶋さんと私は、ワシントンとモスクワからそれぞれ日本に帰って以降、この国にインテリジェンスの業を根付かせたいと願い、リスクを覚悟して近未来の予測に挑んできました。しかし、予測はただ当たればいいというものではない。できれば外れて欲しい予測もあります。その最たるものが戦争でしょう。

手嶋　〝最悪の事態を常に想定し、それに備えておけ〟。これはインテリジェンスに携わる者の心構えです。戦争は最悪の事態の最たるものです。その危険が見え隠れしているなら、間違いを恐れずに警告し、戦争を避けるべくあらゆる努力を傾けるべきです。

佐藤　〝インテリジェンスに関わる者は、楽観的な悲観論者であるべし〟。でも、時に、佐藤、お前は、悲観論を口にするオオカミ少年じゃないかと揶揄されることもありますね。でも、そんな批判を恐れていては何もできません。じっさいに手嶋さんは、インテリジェンス小説という独自の分野を切り拓き、勇気をもって近未来に足を踏み入れ、成果を上げています。手嶋さんの『鳴かずのカッコウ』というインテリジェンス小説は、ロシアのウクライナ侵攻という近未来をぴたりと言い当てています。

手嶋　〝世界戦争の隠れた震源地はウクライナにあり〟。東西冷戦の崩壊後、佐藤さんはモスクワから、私はワシントンから、ウクライナ東部の兵器廠から核ミサイルが撤去されていく様子を見守り、しかし、同時にその闇の深さを目の当たりにしていましたから。

佐藤　2021年3月が初版第1刷だった『鳴かずのカッコウ』には、ウクライナ西部の街に渦巻くウクライナ・ナショナリズムの実相が見事に描かれています。ちょうどロシアのウクライナ侵攻の1年前でした。ウクライナという国は決して一枚岩ではない。西部と東部で全く違うことがよくわかります。まさにこの本を上梓した1年後、ロシア軍のウクライナ東部への侵攻が現実となりました。それに対するウクライナの反応も予見して見事でした。

手嶋　プーチン率いるロシアが、電撃的にクリミア半島を手中に収めた2014年、ウクライナに滞在してカルパチア地方を歩いたのですが、スロバキア、ウクライナ、ポーランド、ハンガリーの複雑に絡まった糸のような歴史的な経緯を佐藤さんに教えてもらい、執筆の助けになりました。

佐藤　手嶋さん、どうでしょう？　手前味噌になるかもしれませんが、私たちの予測はそんなに外れていないと思いませんか？　ロシアとウクライナの戦いにしても、ウクライナの勝利は難しいと最初から断じてきました。開戦後しばらくした頃、マスメディアは侵略者のロシア軍は、ウクライナ軍に各地で壊滅的にやられて敗走していると、あたかもウクライナの勝利は近いというような、感情的で無責任な報道が多かったように思います。しかし、私たちはロシアとウクライナの間には、軍事力に決定的な差があることを指摘し、ロシアは少なくとも東部地区は掌握してロシア領に組み入れると考えていました。

手嶋　ウクライナの領土を侵したロシアが悪であり、侵攻を受けたウクライナは善である。だとすれば、悪は滅びるべしという人たちからかなり批判を浴びました。とりわけ、佐藤ラスプーチンは、そのニックネームからしてロシア寄りだ、怪しからんという声が圧倒的でしたね。一時は、対談の相手を佐藤さんにするのだけはやめてください、社内の許可が下りませんと有力なメディアからも言われました。（笑）

佐藤　リベラルで知られる某大手新聞も、当初はウクライナ軍の攻勢によってロシア軍は劣勢に立たされているといったような報道でしたね。ロシアの侵攻は成功しない、いや、ロシアが敗北するまで徹底的に戦うべきだといった感じでした。ところが2023年のウクライナの反転攻勢がどうやら頓挫したあたりから、論調が少しずつ変わってきました。

手嶋　批判を浴びることを承知のうえで、〝クリミア半島を含めた全領土を奪還するまで戦い抜く〟というゼレンスキー大統領の主張に安易に寄り添ってしまえば、国際社会が停戦を促す機を失してしまう、とわれわれは考えたのです。

佐藤　まさしくその通りです。2024年1月20日の朝日新聞の朝刊に、駐インドネシア大使を務め、いまは学習院大学特別客員教授の石井正文氏に停戦論について聞いたインタビュー記事が掲載されました。

手嶋　いま欧米の圧倒的な支援でロシアと戦っているウクライナは、外国からの支援が行き詰まれば、もはや戦えなくなる。いたずらに戦争を続けてさらなる人命を失うのではなく、現実的に停戦の機を模索するべきだという真っ当な意見でした。

佐藤　この戦争が始まった当初から、私も手嶋さんもそう主張していたのですが。ここにきて、朝日新聞が石井氏のような停戦論者を起用したことは大きな変化だと思います。ここまでくると私も手嶋さんも、非難はされましたが、2023年6月刊行の中公新書ラクレ『ウクライナ戦争の嘘』で事実に立脚して指摘したことは間違っていなかったとわかってもらえると思います。

あえて悲観的な状況を知っておくことが必要だ

手嶋　では、批判を浴びても、めげずに主張することにしましょう（笑）。ただ、ウクライナや中東から遠く隔たった極東の島国では、戦争の恐怖はそれほどリアルではありません。世界は大戦に近づいていると言っても、実感がない日本の人たちも多いと思います。

佐藤　私は、こう見えて、けっこうスーパーで買い物をしたりするんです。腎臓を患ってからは特に食べ物に気を使わなきゃいけない。ですから、自分で野菜や魚などを買ったりすることもあります。

手嶋　なにやら浅草を徘徊する令和の永井荷風のような話ですね（笑）。もっと詳しく聞かせてください。

佐藤　買い物で商店街を歩くと、市民感覚が研ぎ澄まされて、様々に感じるものがあるんです。この1年、野菜にしても、魚にしても、えらく高くなっている。サバの焼いたのとか、味噌煮なんて、以前は1切れ150円くらいで買えたのが、いまや350円とか400円くらいになっている。野菜なども倍以上に値上がりしているものもある。ニラなんてちょっと前までは1束で50円くらいだったのが、いまや200円なんてザラです。

手嶋　総務省が発表している物価総合指数も、2023年12月の時点で、2020年を100として106・8まで上昇しています。しかし、そんな役所の数字より、令和の荷風先生が下町を歩いて探る暮らしの実感のほうがリアルですね。

佐藤　まさしく物価は語る。世界がいかにグローバルにつながっているかがわかります。原油の価格が高騰し、ウクライナの小麦が品薄になると、たちまちわれわれの台所を直撃します。たとえ戦争の被害を直に受けなくても、暮らしには影響がある。いまはそんな世界に生きているんです。

手嶋　ウクライナ戦争やイスラエル戦争で、限定的であれ、核兵器が使われるようなことがあれば、いまの世界はさらに混迷に陥ってしまいます。

佐藤　とくに日本なんて食料自給率が38％です。いまはまだスーパーやコンビニに行けば食べ物が揃っています。しかし、有事になれば、棚の商品が一気になくなってしまう。だって、商品は毎日トラックが運んできてくれるからお店に揃っている。もし配達が1日でも遅れたら、商品なんてあっという間になくなってしまいます。

手嶋　実際に品薄になっていなくても、人びとが不安を覚えて買いだめに走ればスーパーから水や食料品はあっという間に消えてしまいます。

佐藤　ガザの住民はいま、大変な窮乏のなかにいて、餓死寸前の人もいる。ケガをしても治療ができず亡くなる人がいる。決して対岸の火事ではありません。外からモノや食糧が入ってこなければ、日本も同じ惨状になり得るのです。

手嶋　近未来に希望を持って楽観的でありつつ、最悪の事態への備えも忘れない悲観論者でありたいと思います。

イスラエルが戦術核を使ったら世界は……

佐藤　とりわけ核問題に関しては、努めて悲観論者たるべしと自らに言い聞かせています。ヒロシマ・ナガサキの惨劇を経験した世界は、もはや核のボタンに手を伸ばすまい——そんな希望的な観測で、核問題に臨むわけにはいかない。

手嶋　そうした心構えこそ、核戦争を回避するために大切だと思います。ネタニヤフ率いるイスラエルが戦術核を使ったら、中東一帯に死の灰が降り注ぐだけではない。ウクライナで、インドやパキスタンで、朝鮮半島で、そして台湾海峡の両岸で、核兵器を使用させない障壁がぐんと低くなってしまいます。そうなれば、人類は世界の終末にまた一歩近づいてしまう。

佐藤　ネタニヤフ首相が小型核に手を伸ばせば、イスラエルは世界中から囂々《ごうごう》たる非難を浴びるでしょう。ただ、イスラエルの国是をいま一度思い出してもらいたい。〝たとえ全世界を敵に回してでも自国が生き延びる道を選ぶ〟——この覚悟がイスラエルという国を突き動かしている。国際的な非難など承知の上で、生き残るための選択をするでしょう。

手嶋　〝イスラエルの核〟は、〝イスラムの核〟の封印を解いてしまう恐れがあります。

佐藤　イスラエルが小型核を使う標的は、レバノン、シリア、イラクに展開する親イラン武装勢力でしょう。すでにアメリカ軍は、米本国から長距離の戦略爆撃機B1を発進させて、シリアやイラクの親イラン武装勢力の基地を空爆しています。アメリカとイスラエルは、これら親イラン武装勢力が重大な脅威だと見ている証左です。

手嶋　いま佐藤さんはイラクとシリアの名を挙げました。この両国は、過去に核兵器の開発に手を染めていました。

佐藤　そして、イスラエル軍によって核施設が空爆されています。

手嶋　イスラエルは周辺の国々が核兵器を保有することに異常なほど神経を尖らせていました。そして、イラクのオシラク原子炉を空爆し、核施設を破壊しました。1981年のことです。

佐藤　イスラエルは、シリアが北朝鮮と協力して、着々と原子力発電所の建設を進めているという動かぬ証拠を入手し、F16戦闘機などの編隊で核施設を完膚なきまでに破壊しました。これは2007年の出来事です。アメリカの情報当局が、シリアの核について、インテリジェンスを入手する端緒を含めて、手嶋さんは『スギハラ・サバイバル』（小学館文庫）で詳細に描いていますね。

手嶋　ええ、チグリス・ユーフラテス川の畔にあるシリア北部のアルキバルで建設中だった核施設がこれもことごとく破壊され尽くしました。本来なら、日本の新聞も連日一面トップで報じるほどの大事件だったのですが、空爆の事実がわかった後も扱いは地味なものでした。空爆したイスラエルも、爆撃を受けたシリアも、事前に情報を得ていたアメリカも、シリア産小麦と引き換えに核の技術と資材を密輸していた北朝鮮も、それが核関連の施設であることに口をつぐんだからです。日本のメディアは、権威が認めなければ、なかなか報道に踏み切りません。

佐藤　いずれのケースも、イスラエルは核兵器への転用があると見越して、早めに攻撃してその芽を摘んだわけです。イスラエルは、〝イスラムの核〟には常に大変に敏感です。

手嶋　イスラエルは、イランが核兵器を保有することにも神経を尖らしていますね。2010年にはイランのナタンズ核施設に大がかりなサイバー攻撃が仕掛けられ、爆発事故が起きたと言われています。これもインテリジェンス・コミュニティでは、イスラエルの仕業だと見ています。

佐藤　じつはサウジアラビアとパキスタンの間には核に関する密約がある。

手嶋　これまた、国際的なインテリジェンス・コミュニティでは、すでに常識と言っていいと思います。

佐藤　サウジアラビアは、インドに対抗してパキスタンが核兵器の開発・製造に取り組んだ際、資金援助を行った。そして、有事にはパキスタンに預けてある核弾頭を、サウジに移転することを定めた密約があるといいます。そして、サウジだけでなく、カタール、オマーン、アラブ首長国連邦も資金は潤沢ですから、その気になればパキスタンから核弾頭を購入することが可能です。

手嶋　北朝鮮はいまや核兵器大国ですから、中東諸国が密かに核弾頭や核関連物資の購入を打診しているという情報も聞かれます。イスラエルだけでなく、中東全域に〝イスラムの核〟が拡散するリスクが高まっていると警戒すべきでしょう。

佐藤　イスラエルが核を使えば、そのツケは支払わされることになる。国際的に孤立することは確実です。アメリカも肩を持つことはできないでしょう。そして周囲の国々の核武装を招くことになる。喉元に核のピストルを突き付けられ、従来のように強気な外交はできなくなってしまう。

手嶋　第二次世界大戦の五大戦勝国にして五大核保有国。戦後世界は、その頂点に君臨するアメリカが核を独占して圧倒的な支配力を誇ってきました。しかし、〝イスラムの核〟が中東諸国に拡散すれば、もはやこの地域でのアメリカの影響力は地に堕ちてしまうでしょう。

佐藤　アメリカは敵対する国に核を持たせない、使わせないというミッションに取り組んできました。ところが、今回は同盟国や身内に核を使わせないことがミッションとなりました。それには前例も、マニュアルも、経験もない。アメリカはいま手探り状態だと思います。

第6章

日本には戦争を止める力がある

〝トランプ再登場〟に備える中東諸国

手嶋　佐藤さん、ハマスが奇襲攻撃を仕掛けた2023年、あの〝10月7日〟を境に世界は変貌を遂げてしまったように思います。

佐藤　われわれが仮住まいしているこの球体から〝ミネルヴァの梟〟は夕暮れ時を待って飛び立つのですが、気づいてみると現代史の風景は一変してしまっている。

手嶋　地球に間借りするわれわれは気づかないのですが――。でも、じつは風景は変わっていなかったというケースもあるように思います。日本の日付では1941年12月8日がそうかもしれません。佐藤さんは、大川周明の奇書『米英東亜侵略史』を読み解いて、『日米開戦の真実』（小学館）という本を書いています。大川周明は「序」で次のように書いています。

「昭和十六年十二月八日は、世界史において永遠に記憶せらるべき吉日である。米英両国に対する宣戦の詔勅はこの日をもって渙発《かんぱつ》せられ、日本は勇躍してアングロ・サクソン世界幕府打倒のために起《た》った」

佐藤　大東亜共栄圏のイデオローグであり、後にA級戦犯容疑で巣鴨プリズンに収監された大川周明ですが、戦時政府を代弁して、開戦理由を「アングロ・サクソン世界幕府」を打倒するためと明確に述べています。

手嶋　当代、最高の知性といわれた人が、アングロ・サクソン打倒を謳いあげたのは頷けます。しかし、アジア・太平洋戦争の起点を満州事変に置くという視点に立てば、〝12月8日〟は一つの通過点だったと見ることもできます。

佐藤　その一方で〝8月15日〟を境に世界の風景が一変したことに異を唱える人はいないでしょう。

手嶋　ええ、イタリアとドイツに続いて最後の枢軸国、日本が敗れて、やがて東西冷戦の幕が上がった節目にあたりますから。

佐藤　ハマスがイスラエルに奇襲を仕掛けた日を機に、従来の国際政治の構図が根底から変わっていくのかもしれません。

手嶋　戦後世界の支配者として君臨してきたアメリカは、四次にわたる中東戦争を通じて一貫して事実上の同盟国イスラエルにぴたりと寄り添ってきました。しかし、いまやそのアメリカも、ネタニヤフ率いるイスラエルに厳しい姿勢を取り始めています。

佐藤 ナチス・ドイツが欧州で台頭し、第二次世界大戦の足音が聞こえてくると、幾多のユダヤ人がアメリカを目指すようになります。新大陸に逃れてきたのは、ユダヤ系の難民だけでなく、後にアメリカの原爆製造計画「マンハッタン計画」に携わる多くの物理学者も含まれていました。〝水爆の父〟と呼ばれたハンガリー生まれのエドワード・テラーもそのひとりです。

手嶋 戦後のアメリカの政界では、ユダヤ・ロビーが圧倒的な力を持ち、民主、共和両党の違いを超えて、イスラエルの利益に反するような法案が連邦議会を通ることはありませんでした。イスラエルをめぐり、アメリカ政府は国連安保理でしばしば拒否権を行使しています。

佐藤 そのアメリカですら、今回はイスラエル支援一辺倒ではありません。アメリカ国内では若者たちを中心に、ネタニヤフ政権のあまりに強硬な姿勢に批判が強まっており、バイデン政権もイスラエルに次第に辛口の対応を取るようになっています。

手嶋　2024年2月の時点で、アメリカはすでに大統領選挙の季節に入り、パレスチナ情勢の行方が今後の選挙戦にも影響を与え始めています。4年ぶりにホワイトハウス奪還を目指す共和党は、トランプ前大統領が指名を受ける流れになりつつあります。対する民主党は、従来なら現職のバイデン大統領で決まりですが、異変が起きつつあるようです。アメリカの有力TVネットワークABCの世論調査では、じつに86％の人がバイデンは大統領職を務めるには高齢すぎると回答している。そうであるなら通常、副大統領のカマラ・ハリス氏の名前が挙がるところですが、実績も人気もないのが実情です。

佐藤　代わってオバマ大統領のファーストレディだったミシェル・オバマさんの名前が出ていますね。ハーバード大学のロースクールを出た、なかなかに有能な人だと評価が高い。

手嶋　バラク・オバマ元大統領は、黒人系ではあるのですが、父親はケニアからやってきたエリート留学生です。黒人奴隷の血は引いていません。これに対してミシェル・オバマさんは、苦難の歴史を持つ黒人奴隷の系譜を引いており、多くのマイノリティから慕われています。ミシェルとバラクの正副大統領候補を期待する声もでています。ただ、いま国際社会は、トランプ前大統領が政権に復帰する可能性があるかどうかその一点を注視しています。

佐藤 再びトランプ政権が誕生した時、アメリカの対イスラエル・パレスチナ政策がどうなるかも考えておかなければなりませんね。

手嶋 トランプという人は、〝マッドマン・セオリー〟の対象になる予測不可能なプレーヤーです。通商政策や駐留経費の負担問題なら、トランプ政権はこうなると予測することも可能です。ですが、トランプ再選の場合は、その中東政策、とりわけ対イラン政策がどうなるかは不透明です。それだけに、トランプ政権の一期目の中東政策を振り返っておくことは重要です。

佐藤 なるほど、いくらトランプさんでも、一期目の対イラン政策と全く反対の政策は打ち出さないでしょうから。それからトランプさんはイスラエルに対する特別な想いがあります。

手嶋 まず、オバマ大統領は、２０１５年、イギリス、フランス、ドイツ、中国、ロシアの５か国を誘って、イランと核合意を成立させました。オバマ政権の中東外交の柱となるものでした。イランの核施設のウラン燃料の濃縮スピードを制限し、核武装の芽を摘み、その代わりにイランへの経済制裁を解除するというものでした。

佐藤　ところが、トランプ政権になると、かかるまやかしの合意など意味がないとして、この核合意から離脱すると宣言し、イランへの経済制裁を再開しました。2018年のことです。

手嶋　果たしてイランは、アメリカが合意から離脱した後、高度な遠心分離機を使ってウラン濃縮作業に着手しました。国際原子力機関（IAEA）の査察も一部拒否して核開発を加速させたのでした。

佐藤　これを機に、アメリカとイランの関係は悪化の一途を辿り、2020年には、トランプ政権はイラン革命防衛隊のソレイマニ司令官を殺害しました。ソレイマニが中東地域にシーア派イスラム革命を輸出する中心人物だったからです。これに対して、イランはイラクにあるアメリカ軍基地をミサイルで空爆する報復に出ました。

手嶋　ただ、この時は、イランが攻撃を事前にアメリカに内報し、アメリカ兵は施設から避難したため被害はありませんでした。かなり自制した攻撃で、イランもエスカレーションは避けたかったのでしょう。

佐藤　この秋のアメリカ大統領選挙後、中東情勢の最大のファクターはイラン問題です。イランが本格的なウランの濃縮に手を染めれば、核兵器の保有に一歩近づいてしまいます。中東地域では、〝イスラエルの核〟と〝アラブの核〟に加えてイランにも核が拡がる〝イスラムの核〟の時代が到来してしまう。警戒すべきです。

〝マッドマン・セオリー〟の季節が到来か

手嶋　プーチン、トランプ、ネタニヤフ——こうしてみていくと、いずれも〝マッドマン・セオリー〟を援用しなければ、その思想と行動を読み解くことが難しい政治家がずらりと並んでいますね。

佐藤　これまでの政治の尺度では測りきれない難物揃いだなあ。そうそう、いまは亡き安倍晋三総理から直に聞いた話なのですが、「佐藤さん、トランプって並みの政治家とはちょっと違うんですよ」と安倍総理は言うんです。「じつは、日露戦争を知らなかったのです。こちらが日露戦争の話をすると、きょとんとしていてね。〝いつ、そんな戦争をやったんだ〟と聞いてきたんだ」と。

手嶋　その話は事実です。安倍・トランプ会談の非公式な記録にも残っています。

佐藤　例のトランプタワー会談が実現するまでの経緯を含めて、手嶋さんほど内情に通じている人は他にいませんね。トランプ大統領は安倍総理に「ところで、その戦争はどっちが勝ったんだ」と尋ねたといいます。安倍総理が「日本が勝った」と説明するとトランプ大統領は感心していたというんです。

手嶋　このエピソードは、〝アメリカ大統領にも歴史の知識が欠けている人物がいる〟といった次元の話として受け止めてはいけないと思います。じつはこの時、安倍さんは政治生命を賭けて北方領土問題を打開しようとしていました。来るべき日露交渉で、安倍総理はトランプ大統領を日本の味方にしようと周到に布石を打っていたのです。

佐藤　引き渡される北方領土に米軍基地は置かない、とアメリカから内諾を取り付けようとしていたんですね。

手嶋　その通りです。ロナルド・レーガンは20世紀最高の大統領と高い評価を受けています。ところが、レーガン大統領も、外交技術や歴史の知識など持ち合わせていないタイプでした。しかし、肝心のところでは微動だにせず、冷戦を勝利に導きました。先頃亡くなったヘンリー・キッシンジャー博士も、レーガン大統領は、ゴルバチョフとビスマルクを同一視して、計画経済から市場経済を志向したと信じていたと証言しています。

佐藤　トランプさんも顔負けの話だなあ。

手嶋　名著の誉れが高いキッシンジャーの著書『外交』に載っていますから本当です。「レーガン政権というものは、驚嘆すべきパフォーマンスであり、専門的な観察者にとってはもはや理解の域を超えるものだった」と書いています。なぜ知的とは言えない人物が超大国を治めることができたのか。それを解き明かすことこそ歴史家の責務だとキッシンジャー博士は述べています。

佐藤　超大国を率いる者に求められる資質は、外交や歴史の知識などではない。アメリカ民主主義に対する揺るぎない信念だとわかるエピソードですね。レーガン話に触発されて、即位の礼にまつわるトランプ・エピソードをもう一つ思い出しました。

一部、報道もありましたが、安倍総理がトランプ大統領を即位の礼に招こうと持ちかけたところ、「スーパーボールの日程と重なっているが、どっちが重要なんだ」と聞いてきたそうです。「それはスーパーボールより何十倍も重要です」と応じたところ、「よし、晋三がそう言うなら行こう」と参列が決まったそうです。

手嶋　山川出版社の歴史教科書に載っている細かい知識など外交官に任せておけばいい。ふたりのエピソードから、大統領の何たるかが伝わってきます。でも、このふたりの大統領を〝似た者同士〟だと言っているわけではありません、誤解のないように。

佐藤　たしかに、レーガンさんも最初は外交について何も知らない元俳優のタカ派とみられていました。別の面からみると俳優であるがゆえに、普通の国民感覚を持った政治家だった。アメリカ民主主義の理念を血とし肉としていた指導者でした。

一方のトランプさんは、外交に臨む民主主義的価値観など少しも重んじていないタイプです。ですから、いまのウクライナ戦争が価値観戦争となり、泥沼化している現状を意味のないものと感じているはずです。

手嶋　バイデン大統領とは対照的ですね。イスラエル戦争が始まった時、バイデン大統領は、〝イスラエル対ハマス〟戦争を〝ウクライナ対ロシア〟戦争と並べて、民主主義のありようが問われていると対決姿勢を露わにしました。二つの戦争を共に価値観戦争と決めつけたのです。

佐藤　しかし、ハマスはテロ組織であり、一方のロシアは厳然とした国家です。テロ掃討作戦と国家間戦争を混同してはいけないと私は指摘してきました。トランプなら、民主主義の価値観を振り回して、二つの戦争を同列に扱ったりはしないはずです。

手嶋　武装組織ハマスはもとより、暫定自治政府パレスチナも、常の国家として認めることはできないと考える佐藤さんの立場からは、二つの戦争は、基本的な性格が異なるという訳ですね。一方で、ガザ地区で一般のパレスチナ住民に夥しい犠牲者を出し続けているイスラエルの戦いも、民主主義を守る戦いとは到底言えません。戦いが凄惨なものになるにつれ、イスラエルの戦いを民主主義を守る戦争としたバイデン政権の規定も急速に色褪せてきています。

岸田外交の初動ミスと意外な展開

手嶋　さあ佐藤さん、いよいよ、私たちのニッポンがいまの世界の現状にどう向き合うべきかを話し合いたいと思います。まずは、イスラエル対ハマスの戦いにニッポンはどう臨んでいるのかを検証してみましょう。

佐藤　〝天井なきガザの牢獄〟に閉じ込められていたハマスが突如イスラエルに牙を剝いた2023年10月7日、岸田首相はハマスを厳しく非難し、犠牲者にお見舞いを述べています。ただ、日本からのメッセージは、これ以上被害が出ないよう当事者の最大限の自制を求めるという紋切り型のものでした。

手嶋　パレスチナで紛争が持ち上がるたびに出す、いつもの声明に過ぎませんでした。

佐藤　こうした総理談話は外務省の事務官が書くため、大抵は紋切り型になってしまうんです。従来の「応答要領」を引っ張り出して、それを踏襲するから勢い同じになってしまう。しかし、今回のハマスの奇襲攻撃で1000人以上の犠牲者が出て、240人もの人質が連れ去られた。これほど衝撃的な事件について述べるというのに、心の籠もった表現はどこにも見当たりません。

手嶋　〝応答要領政治〟とでもいうべき弊害がはっきりと表れています。前例を踏襲して差し障りのない応答要領を書き、政治家も唯々諾々と読み上げる。これではニッポンのメッセージが届くはずはありません。

佐藤 対照的だったのは他の国々の発言です。アメリカ、イギリス、その他のG7各国の首脳は、ハマスの奇襲を「残虐で非道なテロ行為だ」と断じて激しく非難しました。

手嶋 G7のなかで、議長国である日本だけが「テロ」という言葉を使いませんでした。パレスチナとイスラエル双方にバランスをとり、従来からの中立的な装いを凝らそうとしたのでしょう。ところが、その4日後の10月11日、日本政府は改めて声明を出したのですが、内容は様変わりしていました。ハマスの攻撃は「明らかなテロ」と断定して強く非難しました。この数日の間に、首相官邸と外務省のなかで何が起きたのでしょう。

佐藤 あの時、たしか上川陽子外務大臣の外遊が直後に控えていました。外務省内は相当にバタバタしていて、中東第一課担当官が原案を書いて、中東アフリカ局長に上げ、そのまま通って総理の談話になったのでしょう。本来は、こういう重要な事案は、総合政策局、担当の外務審議官、外務事務次官にまで上げて決裁を取り、初めて日本政府の公式見解になるものです。しかし、上の方が忙しいと、現場では実質的には課長補佐レベルで決める事態が起きることがあります。今回もそうしたケースだったのではないでしょうか。

手嶋　官僚機構の空白地帯を重要な決裁案がスルっと通り抜けてしまうケースがあるのですね。

佐藤　そう、外務省は研修期間が４～５年と長いため、10年選手の課長補佐も実務は５年ほどしか経験していない。そんな経験の浅い者がつい以前の応答要領を頼りに重要な文書の原案を起草してしまうんです。

手嶋　佐藤さんがこれほど重要な問題を、〝起きてしまったのでは〟と推測でモノを言うはずはありません。ちゃんとウラを取っているに違いありません。

佐藤　手嶋さんにかかると困ってしまうなあ（笑）。じつは、ある程度、ウラが取れている話です。でも、巨大な官僚機構では、こういうことって意外に沢山あるものなんです。

手嶋　戦前の陸海軍の幕僚も、外務省の官僚も、前例を踏襲した書類の起案を通じて、国家を破滅に導いていったのですから、なんだか怖い話だなあ。でも、こうした応答要領の外交は止めてほしいと思います。

佐藤　ところが、4日後にはハマスの行為をテロだと断じて非難した。これは、日本の中東外交では画期的なことでした。イスラエルの側にぐんと寄った路線の転換だと言ってもいい。しかも、常なら外務報道官が行う会見を岡野正敬外務事務次官が行った。それだけ重要なメッセージだったのです。

手嶋　佐藤さんの邪魔をするのはじつに心苦しいのですが、いま指摘のあった経緯をここまで精緻に知っているのはなぜか。佐藤さんと直にやり取りをした政権の最高首脳がいたからです。我らが佐藤ラスプーチンがかくも政権の内情に通じているのは、ハマスの奇襲攻撃の直後からその首脳と情報をやり取りし、佐藤さんの助言で見解を出し直した。これが私の見立てです。

佐藤　手嶋さんの剛速球にはコメントを差し控えさせてもらいます。情報源の秘匿もありますから。そして、上川外務大臣が11月3日にイスラエルに飛び、イスラエルのコーヘン外務大臣と会談しました。

手嶋　11月3日はちょうどガザ地区がイスラエル軍の地上部隊に包囲され、いつ突入が始まるかという緊迫した情勢下でした。常ならば、そんな微妙なタイミングでは外相会談は控えるはずです。

佐藤　その席で上川外相は、日本の方針転換を踏まえてハマスの攻撃を「テロ」と断固非難したのです。その上で日本はイスラエルと連帯の意を表明し、テロの犠牲者の遺族に哀悼の意を表しました。このタイミングで、かくも直截にイスラエル支持を表明した外相は欧州の主要国にもいませんでした。しかもイスラエル人の人質家族にも面会し激励までしたのですから、パレスチナとイスラエルのバランスをとる中立外交からの決別でした。

手嶋　しかし、一方でイスラエルのガザへの掃討作戦が始まり、子どもや女性に多くの犠牲者が出ていました。ハマスだけを〝テロ〟と断じて、イスラエルの行為を容認するのかという声が、アメリカ国内からも巻き起こりました。日本外交も苦しい立場に立たされました。

佐藤　今回のイスラエルの攻撃はテロに対する掃討作戦であることを日本は理解している。ただ、作戦を遂行するにあたっては、人道に最大限配慮し、非戦闘員をできるだけ巻き込まないようにしてほしいと要請しています。

手嶋　ただ、民間人に犠牲が出ないようにという声にネタニヤフ首相は耳を傾けようとしなかったのも事実です。

ピントを外しつつ意外に巧妙な岸田外交

佐藤　先の上川外相のイスラエル訪問も、偶然とはいえタイムリーのポテンヒットだったと思います。それがいまの岸田外交の現実なのです。ホームランで1点取るのも、ポテンヒットで得点するのも同じです。結果として日本はいまのところ、どの国からも恨まれたり憎まれたりしていない。その意味で結果的に国益にかなっていると思います。

手嶋　たしかに、結果的にまずいことにはなっていない。でも、それでは真の外交とは言えません。

佐藤　そう言われるとそうなのですが、ポテンヒットを連続して打てるのは一つの業だと思います。大谷選手のように体幹は定まっていないのですが、岸田外交なるものが一つの価値観に支えられていないため、刻々と移り変わる状況に対応できている面もあると思います。

手嶋　岸田外交はどんなところに特徴があると考えますか。

佐藤　一つ挙げるとすれば、岸田首相が国連総会で2023年9月19日に行ったスピーチでしょう。世界がさまざまな困難と課題に直面しているいま、イデオロギーや価値観で国際社会が分断されていては対応できないと述べています。そして「人間の尊厳」に光を当て、体制や価値観の違いを乗り越えて「人間中心の国際協力」を進めていこうと訴えています。

手嶋　岸田首相は、安倍外交を引き継ぐような素振りを見せながら、安倍流の価値観外交を採用していないということですね。

佐藤　おっしゃる通りです。安倍さんは戦後初めて本格的な価値観外交の旗を掲げました。岸田首相はそうした路線を踏襲しない。それを裏付けるように〝民主主義〟という言葉を見事なくらい殺ぎ落としています。

手嶋　この点を指摘したメディアは皆無でしたね。それが記者クラブジャーナリズムの限界なんです。一国のリーダーのスピーチに埋め込まれた〝シグナル〟を見つけ出す。そんな眼力があるのは、冷戦の時代に無味乾燥な共産党機関紙を読み込む修業を積んだ佐藤さんのようなプロフェッショナルでなければできません。

佐藤　岸田演説では「人間の尊厳」というフレーズを基軸に据え、デモクラシーという言葉が一度も出ていません。価値観は結局、特定の国家や階級といった社会的な枠に収まりがちです。そうではなく人間そのものを中心に据えることで、世界に普遍的な基盤を見出そうと呼びかけたのです。

国際人道法の功罪

手嶋　いま佐藤さんと対論を続けているさなかも、ガザ南部のエジプト国境に近い街ラファでは、イスラエル軍の猛攻が続いています。そして、一般のパレスチナ住民や北から逃れてきた避難民に犠牲者が出ている。まさしく〝人間の尊厳〟が損なわれています。従来の古典的な戦争の概念からすれば、軍の標的は敵の軍事施設に限定し、非戦闘員は攻撃してはならないのですが、現実は全く異なります。

佐藤　確かにその通りなのですが、今回のイスラエルとハマスの戦いは、そもそも、国家同士の戦争なのか、おおいに疑問があると指摘してきました。そもそもガザ地区のように人口の密集地帯では、どこが軍事施設で、どこが民間の施設なのか、区別のしようなどありません。すべてが曖昧なのです。

手嶋　なかでも最大の問題になったのは病院施設です。戦時国際法では、病院は攻撃の対象としてはならないと規定しています。そうしたなかで、ハマスはイスラエルが民間の病院を攻撃していると非難してきました。

佐藤　一方で、イスラエルは、ハマスこそ病院施設を軍事作戦の盾に使っていると応酬しています。これまた、戦時国際法は、病院を軍事作戦のカモフラージュに使ってはならないと規定しています。

手嶋　にもかかわらず、日本政府は、総理や外相の談話で事あるごとに「国際法に則って」とか「国際法を遵守して」と言い続けています。従来の国際法の限界がここまで露わになっているなかで漫然とお題目を唱えています。そんな姿勢は道義に反していると言わざるをえません。

佐藤　そうですね。上川外相は、イスラエルを訪問した際、イスラエルの行動に理解を示しつつ、「すべての行動は国際人道法を含む国際法に従って行われるべきである」と発言しています。

手嶋　ニッポンはかくも苛烈な戦いの実相に直面し立ち竦んでいるように見えます。一連の国際法規は、もはや安易な答えを用意してくれません。日本政府は国際人道法に逃げ込むのではなく、双方の武力行使に果たして大義があるのか、自身で判断を下さなければいけません。幾多の子どもや妊産婦の命を奪ったガザの惨劇は、国際人道法という、ニッポンにとって居心地のいい〝温室〟をこの国から奪いつつあると覚悟すべきです。

佐藤　第1章でも述べましたので繰り返しですが、ハマスがガザ最大のアル・シファ病院を軍事作戦に使っているというイスラエル政府の主張には根拠があると考えています。イスラエルの特殊部隊が病院に突入して、その確かな証拠を見つけられなければ、私はパレスチナの問題については、今後、一切の論評をしないという覚悟で臨んでいます。

手嶋　これまた繰り返しになりますが、言論の場で責任をもって発言し、その結果責任もとるという佐藤さんの姿勢には敬意を表したいと思います。しかし、ハマスはイスラエル側の主張を全面的に否定しており、アル・シファ病院が作戦の盾に使われていたか否か、いまだ最終的な結論が出た訳ではありません。

ただ、国際人道法は、病院の攻撃を禁じる一方で、病院の施設を軍事作戦に使ってはならないとも定めています。イスラエル側はこれを拠り所に病院に侵攻しました。人道を謳うはずの国際法規が、病院の新生児を救うことができていないという事実からも目を背けてはならないと思います。

佐藤　その点については手嶋さんに同意します。人間の生命は何よりも大切です。国際法というと何やら立派に響きますが、実は非常に脆弱で曖昧な法体系なのです。その意味でまだまだ発展途上の法概念と言ってもいい。国内法では国家が犯罪者を罰しますが、国際法では国家に自衛権は認めても処罰を下す権限は認めていません。そのため、国際連合が代わって国連軍を創設し、侵略者を制裁することになっています。しかし、実際には朝鮮戦争などの例外的なケースを除けば、国連軍は存在していません。

手嶋　それでは国際法など全く役に立たないのか。じつは、戦後の日本は、強大な軍備を持てなかったため、国際法という〝言の葉〟を武器にして、国際政治の舞台で米ソ両大国に対抗してきた面もあるのです。佐藤さんがかつていた外務省は、よく〝条約省〟と揶揄されます。それ程、条約官僚が省内で強大な力を持っていました。主要な幹部はことごとく条約局畑の出身でした。なんという因縁なのでしょうか。われらが佐藤ラスプーチンは、その条約官僚の証言が決め手になって、2002年に理不尽にも逮捕され、獄につながれることになったのですから。

佐藤　確かに国際法には深い因縁を感じます。私の提案でイスラエルでロシアに関する国際会議を開催したのですが、その際、国際協定を恣意的に運用して、開催費用を基金から支出したという罪に問われたのです。

手嶋　しかし、外務次官も条約局長も条約課長も、正式に決裁書類に署名して承認しています。職務命令で出張した佐藤さんが捕まるなら、外務省の幹部すべてが捕まるべきです。そんな職場で働く下僚はたまりません。

佐藤　その頃、手嶋さんとは一種の緊張関係にあったのですが、手嶋さんは当時から国際法、国際協定の有権解釈権は、司法当局ではなく、外務省にありと指摘して、一貫して不当な逮捕だと主張してくれました。国際法とはつくづく因縁がありますね。

手嶋　他方、アメリカなどの強大国は、国際法をあまり重視していないのが現実です。超大国は、最後は自らの軍事力で事態を解決できるのですから。従って、アメリカ政府がイランやシリアの親イラン武装勢力の基地を空爆した際も、自衛のためとは説明しますが、国際法の条項を特に根拠として挙げていません。

佐藤　一方で、プーチン率いるロシアは、じつは国際法上の理屈づけを結構試みています。国際法を濫用するのです。まずドネツク、ルガンスクを独立させ、ロシアが国家として承認する。そして安全保障条約を結んで、ウクライナに両国が侵略されたと集団的自衛権を発動する。こんな建付けで武力行使の正当化を、一応、しているんです。

手嶋　プーチン政権は国際法の理屈をしたたかに利用していますね、唖然としてしまいます。

佐藤　それに比べればイスラエルなどは国際法による理論武装をほとんどしていない。国際法に対するスタンスは、ロシアではなく、アメリカに近いですね。

手嶋　それに較べて、日本外務省は国際法を「遵守」しようとする、飛びぬけた優等生だったのです。しかし、現下のイスラエルとハマスの戦いを目の当たりにすると、「国際法に則って」といった空疎な外交からは訣別する時が来ていると思います。

黒い雨を浴びたニッポンに何ができるのか

手嶋　佐藤優さんはキリスト者であり、キリスト教神学を専攻する研究者でもあります。そんな佐藤さんにとって、モーゼの「汝殺すなかれ」という戒めが生まれた、まさしくその地で、凄惨な闘いが繰り広げられている現状にさぞかし心を痛めていることと思います。

佐藤　旧約聖書の「出エジプト記」に記されている「モーゼの十戒」の第六戒ですね。いま、最前線で銃をとって戦っている兵士たちのなかには、日々祈りを捧げている神の教えと軍務の狭間で苦悩する人たちが数多くいると聞きます。彼らは、ユダヤ教、キリスト教、イスラム教と信じる宗教は異なっています。しかし、かつて同じ土壌から生まれてきた宗教を信じているのですから、なんとしたことかと思ってしまいます。

手嶋　まさしく、憎しみと復讐の連鎖が、われわれの眼前で繰り広げられています。復讐は神が為すべきことであり、人間は自ら手を染めてはならない――新約聖書はそう諭しています。ハマスの奇襲は多くの犠牲を生みましたが、イスラエルの報復もまた凄惨を極めたものでした。

佐藤　「愛する人たち、自分で復讐せず、神の怒りに任せなさい。『復讐はわたしのすること、わたしが報復する』と主は言われる」と聖書でキリストは述べています。ローマの信徒への書簡12章19にあります。「ローマの信徒への書簡」は新約聖書ですが、旧約聖書の「申命記32章35」にも「わたしが報復し、報いをする」とあります。従って、「復讐は神がなすべきことだ」というのは、ユダヤ教徒の教えでもあると思います。

手嶋　現代に至ってもなお、国際法や国連が、個々の国家に代わって不義を討ち、復讐を加えることがかなわない。われわれはその冷厳な現実をここまでみてきました。ならばいま、復讐の連鎖をどうして断ち切ればいいのか、最後に考えてみたいと思います。

佐藤　この難題に挑むには、既存の国家や宗教すらも超えた人類共通の理念が求められているのでしょう。ここでは、まず、われわれ日本に何ができるのか、そこに論点を絞って考えてみたいと思います。

手嶋　ニッポンは世界で初めて核の惨禍を蒙りました。ヒロシマ・ナガサキ以降、人類は核のボタンに手を触れようとしていません。しかし、ウクライナの地で、パレスチナの地で、核戦争の足音はすぐ近くから聞こえてきます。被爆国の日本は、G7の議長国を務め、東アジアの有力国ですが、イスラエル、パレスチナ、ウクライナから遥かに離れていることもあり、負の歴史や錯綜した利害関係を持っていません。ならば、いまの日本には、悲惨な戦闘を止めるために為すべきことがある、そんな潜在力を秘めていると思います。

佐藤　心から賛成します。そのために、ここまで現地の情勢を詳しく検証し、パレスチナとイスラエルが干戈《かんか》を交えてきた歴史的背景を遡り、双方の内在的論理に分け入ってきたのですから。

手嶋　2023年は、日本がG7・先進7か国の議長国を務めました。そして岸田首相は、被爆地ヒロシマでG7首脳会議を開催しました。この時、G7各国の首脳は揃って原爆資料館を訪れて「禎子の折り鶴」と対面し、8歳で被爆した小倉桂子さんの話に聞き入りました。続いて原爆で逝った人びとの慰霊碑に献花して黙禱を捧げ、彼方の原爆ドームを見渡して、原子爆弾の閃光を浴びて剝き出しとなった尖塔の鉄骨にじっと見入っていました。

佐藤　各国の首脳は、この光景をウクライナの破壊されたビル群と二重写しにして脳裏に刻み付けたに違いありません。

手嶋　その廃墟の光景はいま、破壊し尽くされたガザのビル群とも重なっているはずです。G7の声明は「プーチン大統領が核兵器を威嚇の手段に使っている」とロシアを非難しましたが、これが単なる「威嚇」で終わる保証など全くありません。

佐藤　確かにプーチン大統領は、ロシアの核心的な利益が侵された時には、核の使用をためらわないと明言していますから。同時に、イスラエルのネタニヤフ首相も、ハマスとヒズボラとの二正面の地上作戦でイスラエル軍が孤立した時には、小型核を使う可能性をなしとしません。

手嶋　あの核攻撃で黒い雨を浴びた日本はいまこそ、進んで停戦の機を探り、核戦争の芽を摘まなくてはならない。重い責任があると思います。

佐藤　ウクライナに関する「G7首脳声明」では、「我々は〝平和の象徴〟である広島から、G7メンバーである我々の全ての政策手段を動員し、可能な限り早くウクライナに包括的、公正かつ永続的な平和をもたらすために、ウクライナと共にあらゆる努力を行うことをここに誓う」と述べています。この〝ヒロシマ・ナガサキ〟からの視点は、イスラエル・パレスチナ戦争にもそのまま当てはまります。

手嶋　これまで岸田政権は、全領土を奪還するまで戦い続けるウクライナのゼレンスキー政権の主張を全面的に支持する姿勢を続けてきました。しかし現地の戦局は様変わりしつつあります。ガザを取り巻く情勢でもネタニヤフ政権に険しい視線が向けられようとしています。いまこそ停戦の機を掴むために、日本をはじめとする国際社会の出番です。

佐藤　岸田首相は、支持率が低迷し、政局運営に苦慮していますが、思い切って単身イスラエルに乗り込んで、和平の主導権を握ってはどうでしょうか。国際社会は、なぜなどとは思わないはずです。停戦の機は十分に熟していると思います。そして、停戦が成立した暁には、経済大国ニッポンは廃墟となったガザ再建の先頭に立って尽力する。いまの日本はそれだけの力があるはずです。

手嶋　パレスチナ和平のためなら、日本は中国と連携して、調停にあたってもいいと思います。パレスチナに平和を取り戻すための〝日中連携〟なら、日本の国益は少しも損なわないはずです。

佐藤　1945年8月ヒロシマの上空で閃光が炸裂した後、雨が降って、女学生が被爆者の救護に当たり、頭上に放射能を含んだ雨が降り注いだと記録に残されています。

手嶋　井伏鱒二は後に『黒い雨』の筆を執り、適齢期を迎えた若い女性が放射能の雨を浴びて婚期を逃してしまう日常を淡々と綴っています。この作品は数多くの言語に翻訳され各国でいまも読み継がれているのです。国際社会は自らの頬に黒い雨が滴り落ちないよう、いまこそ停戦に向けて踏み出すべき時だと思います。

佐藤　日本はそうした国際社会の意を汲んで、勇を鼓《こ》して一歩を踏み出してほしいと心から願います。

あとがき

日本にもイスラエル専門家はたくさんいる。ただし、モサド（イスラエル諜報特務庁）と最も親しく付き合った日本の官僚は私であると自負している。2002年5月に鈴木宗男事件に連座して東京地方検察庁に逮捕され、私が外交とインテリジェンスの現場から離れた後もモサドの友人たちは私との関係を維持した。今も頻繁にテルアビブの友人（すでにモサドは退官している）と連絡をとっている。

見た目では、アメリカ人、ロシア人、ヨーロッパ人と区別できないイスラエル人もたくさんいる。ただし、国家存亡の危機に直面したときに、イスラエル人の心のスイッチが切り替わる。ナチスのホロコーストにより600万人の無辜の人びとがユダヤ人であるということだけを理由に殺害されたからだ。そのとき、ごく少数の勇気ある人びと

（その一人がリトアニアのカウナスで領事代理を務めていた杉原千畝氏）を除いて、誰もユダヤ人に救いの手を差し伸べなかった。どの国家も、国際連盟もユダヤ人虐殺を阻止しようとしなかった。

このような事態を避けるために1948年5月14日にイスラエル国家は建国されたのである。ちなみに、それから54年後のイスラエル建国記念日（5月14日）に私は（2000年4月、イスラエルの商都テルアビブで開催された）国際学会「東と西の間のロシア」に日本の学者と外務省職員を派遣した際に外務省関連の国際機関「支援委員会」のカネを遣ったことが背任にあたるとして「鬼の特捜」（東京地方検察庁特別捜査部）によって逮捕された。「イスラエルが再建された記念日に逮捕されたのも何かの巡り合わせだ」と今もイスラエルの友人達から言われる。

イスラエルにはすべての国民に共有されている認識がある。それは、「全世界に同情されながら死に絶えるよりも、全世界を敵に回してでも戦い、生き残る」というものだ。

本文で繰り返し強調したが、2023年10月7日のイスラム教スンニ派武装集団ハマスによるイスラエル国家とイスラエル人、ユダヤ人に対する攻撃は、ユダヤ人という属性の者を抹殺するというナチス・ドイツと同類の思想に基づくものだ。従って、ハマスが二度とイスラエルに対してテロ攻撃を行うことができないように中立化（殺害だけでなく、イスラエルに帰順する、もしくは国外に逃亡することでも構わない）することが、イスラエルとイスラエル人のみならず、全世界のユダヤ人の生き残りを保障するために不可欠であるという点で、イスラエルのエリート、民衆の双方にコンセンサスがある。こういうイスラエル側の内在的論理を私は本書を通じて日本語を解する読者に伝えたいのである。

本書のタイトル『イスラエル戦争の嘘』についても若干の説明がいる。まず、日本の新聞やテレビの報道からは、イスラエルとパレスチナの間で戦争が展開されているという印象を受ける。これは間違いだ。イスラエルの敵はパレスチナではない。イスラエルはテロ組織であるハマスに対する掃討作戦を展開しているのだ。この種の掃討作戦においては、必ず無辜の住民が巻き込まれる。ハマスが非武装の一般住民を「人間の盾」として戦闘に利用しているからだ。イスラエルによる病院の攻撃も、ハマスが病院に武器を持ち込み、戦闘に用いているので、テロリスト掃討のためにやむを得ず行っているのだ。

もちろん人間の命は何よりも重要だ。しかし、ユダヤ人をユダヤ人であるという属性のみを理由に地上から抹殺するという思想を持ち、それを実践するハマスのような組織とイスラエルが平和共存することは原理的に不可能なのである。

この難しい対談に付き合ってくださった外交ジャーナリストで作家の手嶋龍一氏に深く感謝します。手嶋氏は論点（特に人道面における）が明確になるように、あえて弁証法的な対論を行ってくださいました。

本書を上梓するにあたっては中央公論新社の中西恵子ノンフィクション編集部長、フリーランスの編集者兼ライターの本間大樹氏にもたいへんにお世話になりました。手嶋さん、中西さん、本間さん、ほんとうにありがとうございます。


2024年2月21日、曙橋（新宿区住吉町）の自宅にて

佐藤　優

構成／本間大樹
本文DTP／市川真樹子

手嶋龍一　Teshima Ryuichi

外交ジャーナリスト・作家。9.11テロにNHK ワシントン支局長として遭遇。ハーバード大学国際問題研究所フェローを経て2005年にNHK より独立。小説『ウルトラ・ダラー』を発表しベストセラーに。『武漢コンフィデンシャル』など著書多数。

佐藤 優　Sato Masaru

作家・元外務省主任分析官。1960年東京都生まれ。在ロシア日本大使館勤務を経て2005年から作家に。05年発表の『国家の罠』で毎日出版文化賞特別賞、翌06年には『自壊する帝国』で新潮ドキュメント賞、大宅壮一ノンフィクション賞を受賞。

中公新書ラクレ　815

イスラエル戦《せん》争《そう》の嘘《うそ》

第《だい》三《さん》次《じ》世《せ》界《かい》大《たい》戦《せん》を回《かい》避《ひ》せよ

2024年4月10日発行

著者……手嶋《てしま》 龍一《りゅういち》　佐藤《さとう》 優《まさる》

発行者……安部順一

発行所……中央公論新社

〒100-8152 東京都千代田区大手町 1-7-1

電話……販売 03-5299-1730　編集 03-5299-1870

URL https://www.chuko.co.jp/

本文印刷…三晃印刷　カバー印刷…大熊整美堂　製本…小泉製本

Published by CHUOKORON-SHINSHA, INC.
Printed in Japan　ISBN978-4-12-150815-7　C1236

中公新書ラクレ　好評既刊

ラクレとは…la clef＝フランス語で「鍵」の意味です。
情報が氾濫するいま、時代を読み解き指針を示す
「知識の鍵」を提供します。

L692
公安調査庁
―情報コミュニティーの新たな地殻変動

手嶋龍一＋佐藤　優　著

公安調査庁は謎に包まれた組織だ。日頃、どんな活動をしているのか、一般にはほとんど知られていない。それもそのはず。彼らの一級のインテリジェンスによって得られた情報は、官邸をはじめ他省庁に提供され活用されるからだ。つまり公安調査庁自身が表に出ることはない。日本最弱にして最小のインテリジェンス組織の真実を、インテリジェンスの巨人２人が炙り出した。本邦初の驚きの真実も明かされる。公安調査庁から目を離すな！

L796
ウクライナ戦争の嘘
―米露中北の打算・野望・本音

手嶋龍一＋佐藤　優　著

ウクライナに軍事侵攻したロシアは言語道断だが、「民主主義をめぐる正義の戦い」を掲げるウクライナと、米国をはじめとする西側諸国にも看過できない深謀遠慮がある。戦争で利益を得ているのは誰かと詰めれば、米露中北の「嘘」と野望と打算、その本音のすべてが見えてくる。世界は迫りくる核戦争の恐怖を回避できるのか。停戦への道はあるのか。ロシアと米国を知り尽くした両著者がウクライナ戦争をめぐる虚実に迫る。

L806
グリム、イソップ、日本昔話
人生に効く寓話

池上　彰＋佐藤　優　著

「舌切り雀」には商売の厳しさが、「浦島太郎」にはあなたの定年後が、「花咲かじじい」には部下の使い方が、「雪女」には夫婦の現実が、「すっぱいぶどう」には競争社会の身の処し方が書いてある！　大人こそ寓話を読み直すべきだ。長く重い人生を軽やかに生きるための知恵が詰まっているのだから……。グリム、イソップから日本の民話、寓話まで。計20話の読み解きを収録。スピーチのネタにも使える一冊。